お道具怪談

加藤 一／編著

神沼三平太、つくね乱蔵
内藤 駆、服部義史
久田樹生、橘 百花
雨宮淳司、松本エムザ
渡部正和、高田公太

竹書房
怪談
文庫

※本書は体験者および関係者に実際に取材した内容をもとに書き綴られた怪談集です。体験者の記憶と主観のもとに再現されたものであり、掲載するすべてを事実と認定するものではございません。あらかじめご了承ください。
※本書に登場する人物名は、様々な事情を考慮してすべて仮名にしてあります。また、作中に登場する体験者の記憶と体験当時の世相を鑑み、極力当時の様相を再現するよう心がけています。今日の見地においては若干耳慣れない言葉・表記が記載される場合がございますが、これらは差別・侮蔑を助長する意図に基づくものではございません。

本書の実話怪談記事作成に当たって、快く取材に応じていただいた方々、体験談を提供していただいた方々に感謝の意を述べるとともに、本書の作成に関わられた関係者各位の霊的無事をお祈り申し上げます。

巻頭言　開封の儀

加藤　一

本書『お道具怪談』は、道具にまつわる怪談集である。

遙か昔、我らの祖先は、路傍に転がる石を手にした。牙もなく爪もない脆弱な獣であった祖先は、着脱式の爪をその腕《かいな》に備えた。これが、人類が道具を手にした瞬間であろうと思われる。その後、道具は様々に変化した。細密な作業を行うため、元より大きな力を発揮するため、手指だけでは届かない様々な工芸品を生み出すため、要するに人の手足の一部としてより以上のものを作り出すため道具は道具を生み、さらなる複雑な道具をも創出し、人の営みに不可欠なものとしての地位を築いた。

それほど長きに亘り人類の相棒としてあった道具達である。時に魂が籠もり、念を生み出し、神を宿し、強い願いや恨みを吸い込む器として機能しない理由が、どこにも見当たらない。呪いの道具、祟る道具、果ては意志ある付喪神として、人の暮らしの傍らにそれらがいないほうが、むしろ不自然ではないかとすら思える。

さあさあ、〈開封の儀〉は済んだ。

道具の冴えは上々だ。只者でない逸話とともに歩んだ逸品の数々を、今あなたの手に。

目次

最高にして最低の方法

今年の初め、菅原家に待望の二人目が生まれた。

それまで暮らしていたマンションでは、将来的に手狭になる。早速、菅原さんは新居を探し始めた。

駅に近く、学校や病院も徒歩圏内にあり、部屋数が多くて広い家が条件だ。

こまめに情報を集め、探し回ったおかげで、希望を全て満たすマンションを見つけた。

何よりも素晴らしいのは庭だ。八階建てのマンションなのに、あえて一階を選んだ理由でもある。

一階の部屋は庭が付いているのだ。八畳間程度の大きさがある。人工芝ではなく、本物の芝が敷き詰められている。

美観を損ねないのなら、どう使っても良いとのことだ。何と、犬を飼うのも許されるという。

眺めという点では劣るが、安心できるプライベートな公園が手に入ったようなものだ。

妻に相談したところ、目を輝かせて賛成してくれた。ママ友を集めてパーティーもできるわ、夏はプールで遊べるわね、などと夢を膨らませている。

嬉しそうな妻を見ながら、菅原さんは自らの幸運に感謝した。

支障なく引っ越しを終え、いよいよ新しい生活の始まりである。

片付けも早々に、庭に向かった妻が歓声を上げた。菅原さんも後に続く。手入れの行き届いた芝生が見えた。

ああ、やはりここに決めて良かった。

そう呟こうとした菅原さんだったが、庭の片隅に気になる物を見つけた。

塀のすぐ側にゴミが置いてある。もしかしたら、行きずりの誰かが無断廃棄したのかもしれない。

妻が近付いていく。重い物なら手伝おうと見守っていた菅原さんは、唖然とした。

妻はゴミに気付かず、それどころか擦り抜けてしまったのだ。目の錯覚かと思ったが、妻は何度も擦り抜ける。

「ここにテーブル置いて、こっちに滑り台とかどうかな」

そんなことを言いながら歩き回る。その都度、ゴミを擦り抜けている。

これ以上、見ていても始まらない。菅原さんは、庭に降りて自らゴミを拾いに行った。

近付いてみて分かった。普通のゴミではない。肉の塊だ。高さ五十センチぐらいの円筒で、血に塗れている。

吐きそうになりながら、じっくりと観察する。

血塗れで分からなかったが、肉塊は服を着ていた。短いが、手も足もある。その足を投げ出して座っていた。

塊の天辺に顔があった。強い力で上から圧縮されたように、目も鼻も一箇所に固まっている。

菅原さんは後退った拍子に腰が抜け、そのまま座り込んでしまった。

その姿をどう勘違いしたか、菅原さんの隣に妻も座り、のんびりと空を眺めている。

「片付けとか止めて昼寝でもできたらなぁ」

横目で確認したが、どうやら妻には目の前の肉塊が見えていないらしい。

とにかくこの場から離れたい。これは長くは見ていられない代物だ。菅原さんは一足先に腰を上げ、室内に戻った。

妻も漸《ようや》く動く気になったようで、台所の整理を始めている。

菅原さんは、そっと窓に近付き、庭を見た。肉塊はまだそこにある。短い手が少し震えていた。

努力して観察を続け、菅原さんは何となく想像が付いた。

あれは子供だな。二歳か三歳ぐらいの子供だ。上から圧縮されたんじゃなく、頭から落ちて潰れたんだろう。


翌日も肉塊はあった。

内見に来たとき、何故気付かなかったのだろうか。思い返してみる。

ああそうか、あのときはあれを隠すような位置にテントが張ってあった。庭でキャンプもできますよ、などと言われた覚えがある。

あれがあるのを分かってやったのか、偶然その位置になったのか、不動産屋を問い詰めたところで白状しないだろう。

何があったか調べるのも容易ではない。今現在、菅原さんにしか見えていないのだから、何もありませんよと言われたら、そこで話は終わる。

庭に潰れた子供がいるから、このマンションは諦めようなどと妻を説得できるはずがない。

自分一人が見なければ良いだけなのだが、どうしたって目に入ってしまう。

結論が出た。

よし、どうにかしてあれを隠そう。

何を使うか。テントも良いが、四六時中あるのもおかしい。滑り台やブランコなどの遊具では隠せない。

石灯籠は見た目がおかしい。妻が反対するに決まっている。

庭石は値段的に無理だ。

悩みに悩んだ末、菅原さんは最高の物を見つけた。


数日後。

注文していた物が届いた。

「何その大きな箱。底がないじゃない」

好奇心を露わにして質問する妻に、菅原さんは丁寧に説明した。

「これはだな、コンポストって奴だ。要するに生ゴミ処理機だね。ここは水はけが良いから、堆肥型のにした。こっちを地面に埋めるから、底が抜けていても大丈夫なんだよ。で、土を入れてゴミと混ぜて発酵させる訳だ」

ネットで検索した通りのことだが、妻は納得している。

肉塊は綺麗に隠れ、全く見えなくなった。

できれば肥料になってくれたら良いんですがね、と菅原さんは笑った。

掴めない鍵

数年前の体験談だという。

ある朝、尾藤さんが出勤のために自宅から出ると、家のポストに自転車の鍵が置いてあった。

誰かが、落とし物だと思ってポストの上に置いたのだろうか。

青い紐の付いた古びた鍵だったらしい。

尾藤さんは鍵を手に取ろうとして、驚いた。鍵を掴めない。

何度、手に取ろうとしても、まるで蜃気楼《しんきろう》を掴もうとしているみたいに、古びた自転車の鍵は手を擦り抜けてしまう。

「おかしなこともあるものだ」と、尾藤さんは困惑しながらも電車の時間が迫っていたため、鍵をそのままにして駅へと向かった。

夜、尾藤さんが自宅前まで帰ってくると、丁度御近所の古川さんという男性が、ポスト上の鍵を手に取って去っていくところだった。

「こんばんは。それは古川さんの物でしたか？」

尾藤さんが話しかけたが、古川さんは無視してそのまま行ってしまった。

「あの気さくな古川さんがこちらを無視なんて……聞こえなかったのか？」

尾藤さんは、首を傾げながら自宅に戻った。

数日後、尾藤さんは、自転車に乗って車道を走行していた古川さんが、車に撥《は》ねられて亡くなったことを家族から聞いた。

救えない鏡

青木さんは就職浪人である。

思い当たる原因や失敗は一つや二つではないが、今更何を言ったところでどうにもならない。

来年こそは必ず結果を出して、故郷の両親を安心させようと励む毎日を過ごしている。

学業そっちのけで就活に専念できるのが、浪人の数少ない利点だ。

それは分かっているのだが、日々の暮らしには金が掛かる。両親には金銭的な負担は掛けられない。

学生時代からのアルバイト先は大切にしてくれる。時間数を増やせば生活に余裕ができるだろうが、それでは本末転倒だ。

今までと同程度の労働時間に抑え、それ以外は就活に回してこそ浪人する価値がある。

心機一転、この古ぼけたマンションから引っ越したかったが、それは就職が決まってからと諦めた。

幸い、住み心地は悪くない。交通の便はまずまず、日用品の買い物も不自由しない。

賃貸料の割りにしっかりした造りの建物であり、隣室の音が全く聞こえない点が最高だ。隣人とは可能な限り接触したくない青木さんにとって、正に理想のマンションだった。


五月に入って間もなく、ずっと空いていた隣室に新たな入居者が来た。

丁度、食料の買い出しから戻った青木さんは、住人を見ることができた。

若い女性と幼い女の子の二人だけだ。どうやら母子家庭らしい。女性は綺麗な顔立ちだが、着ている服や言動に荒《すさ》んだ日常が垣間見える。

女の子に対しても、きつい言葉を投げつけている。

「さっさと歩けよ、聞こえてんのか、アイ」

アイというのが女の子の名前なのだろう。いつも怒鳴られているせいなのか、女の子は黙って俯いたままだ。

青木さんが最も苦手とする種類の家族だ。これからどういう生活が始まるか、容易に想像できる。

罵声や泣き声が聞こえてきたら、どうすれば良いか。警察や児童相談所に通報すべきなのだろうか。

それはどう考えても面倒臭い。こっちは就活という大切な目的がある。関わっている場合ではない。

一時は諦めた引っ越しもあり得るなと覚悟を決め、青木さんはその夜を迎えた。

結論から言うと、それは杞憂《きゆう》に終わった。青木さんは、このマンションの防音性に改めて感謝した。

件の母娘だが、やはり女性は第一印象の通りの存在だった。派手な化粧と露出度の高い服を着て、夕方過ぎに出かけていく。

時折、迎えの車が来るのだが、運転している男は反社そのものといった風貌だ。

帰宅は深夜、どうかすると明け方近くということも多い。

その間、女の子はずっと一人きりだ。体つきを見ると就学年齢に達しているようだが、学校には行っていない。

不味い事態であるのは確かだ。やはり、児童相談所に通報すべきか。他の住人達はどう思っているのだろう。

だが、普段から付き合いがない青木さんには相談できる相手がいない。あの運転手の男に、因縁を付けられるのだけは確実だ。

今のところ、大事には至っていない。夜も静かなものだ。青木さんは、自分の生活を最優先することに決めた。

その気持ちを揺るがせる出来事が起きたのは、母娘が来て二週間目。

ベッドの中で休日の朝を楽しんでいた青木さんは、妙な物音に気付いた。

音は隣室側の壁から聞こえてくる。ベッドを抜け出し、そっと耳を近付けてみた。

声だ。幼い女の子の声。生活音すら聞こえない壁なのに、明瞭に女の子の声だと分かる。

壁の何処かに穴でも開いているのだろうか。青木さんは、少し離れた場所から壁を見渡した。

そのとき、妙なことが起こった。いきなり、壁の一部に長方形の穴が開いたのだ。

隣の部屋が丸見えである。あの女の子が、こちらを向いて立っている。

あまりのことに、青木さんは呆然と立ち尽くした。

何がどうなったか、まるで理解できない。音もなく穴が開くなんて、物理的に可能なのだろうか。

とにかく女の子に何か言わなければ。

「あの、ごめんね、ちょっと良いかな」

思い切って話しかけたが、女の子は全く反応しない。きっと怖がっているのだろう。

安心させるような言葉を投げかけたのだが、やはり何一つ返ってこない。というか、そもそも目線が合わない。

弱ったな、どうしたらいいんだろう。

戸惑う青木さんの目の前で、女の子は唐突に話し始めた。

「おかあさんはアイをきらいなんだよ。アイ、いないほうがいいんじゃないかな」

どうやら自分に向けて話しかけているようだ。だが、その内容があまりにも辛い。青木さんは近付いて、アイちゃんの様子を窺《うかが》ってみた。

徹底的に無表情だ。これほど感情のない子供の顔は見たことがない。

アイちゃんの手前には化粧品が並んでいる。ブラシやヘアドライヤーもある。

ああそうか、なるほど。もしかしたらこれは、母親が身支度を調えるドレッサーの前に座って、鏡に映る自分自身に話しかけているのでは。

そんなことが起こる理屈は全く分からないが、そうとしか思えない状況だ。

「おそいな、おかあさん。またおそいのかな。おなかすいたな」

無表情の告白は尚も続く。

「あのおじさんをつれてきたらいやだな。へんなことするし、ぶたれるからいたいし」

暫《しば》くして、アイちゃんがドレッサーに布を被せるのが見えた。その途端、壁は元通りに戻った。

やはり、鏡に何らかの力があるとしか思えない。或いは、アイちゃんがそうさせているのかもしれない。

とりあえず、目先の問題として自分はどうしたら良いのかだ。けれど、幾ら考えても結論は出ない。

それから数日後の夜。また壁に穴が開き、アイちゃんが自分に話しかけ始めた。

その顔を見て、青木さんは息を呑んだ。

左目から鼻に掛けて酷く腫れあがっている。目は開けられないようだ。鼻の穴から流れ出た血が固まっている。

「アイ、何もしてないのにな。どうしてぶたれるのかな。いたいな」

見ていられない。青木さんは、思わず目を逸らしてしまった。

「しにたい。しのうかな」

その夜、アイちゃんはそう言ってドレッサーを閉じた。

これ以上見たくない。部屋にいなければ良いのだが、アイちゃんは不規則に現れる。

一日中、外出している訳にはいかない。このために部屋を引っ越すのも違う気がする。

一番良いのは、アイちゃんを保護してもらうことだ。

覚悟を決めた青木さんは児童相談所の電話番号を調べ、アイちゃんがまた酷い目に遭うのを待った。

辛いことだが、目に見える証拠があったほうが良いと考えたのだ。

その判断は間違っていた。

アイちゃんは、突然引っ越していったのだ。

漸《ようや》くこれで、穏やかな日々が帰ってくる。アイちゃんのことは気になるが、もうどうにもならない。きっと、誰かがどうにかしてくれるさ。

正直に言うと、青木さんは泣きたくなるほど嬉しかったそうだ。

洋子さんの話

洋子さんが大学生の頃に体験した話。


当時、洋子さんが付き合っていた彼氏は、普段身に着けるモノその全てに気を使う男性だった。

シャツやパンツは勿論《もちろん》、小物の類まで拘《こだわ》りがあり、中には一点で数十万から百数万円もするジャケットや時計、ネックレス等を複数所持していたそうである。

使用していた眼鏡も、高級ブランドとのダブルネームのフレームや、新進気鋭のドメスティックブランドからリリースされたセルロイド製フレームといった、捻りの利いた品ばかり。

両目ともに裸眼で何ら問題のない視力にも拘らず、計十本近くの度のない眼鏡を、お洒落アイテムとしてその日その日の服装に合わせて付け替えしていたという。

ほっそりとした面長で色白の彼氏のルックスに、それらの眼鏡はどれも抜群に似合っているように思えた。当時の洋子さんは気付けばそんな彼氏の顔に見惚《みと》れていたとのことだが、そんな折に一度だけおかしなことがあった。そのとき彼氏が身に着けていたクラシカルなオーバルタイプの眼鏡のレンズに数秒、見知らぬ女性の顔がさっと映り込んだことがあったのだそうだ。

彼氏の部屋で二人きりという状況だったにも拘らずである。

思わず悲鳴を上げた洋子さんに、彼氏はただ単純に洋子さんのことを心配してと表するにはどうにも適切ではない訝《いぶか》しんだ顔つきで、「……どうした？」と問うてくる。

洋子さんは、「眼鏡のレンズに知らない女性の顔が……」と事情を説明し始めた。

すると彼氏は洋子さんの説明をたったそこまで聞いただけで、「ちっ、またかよ」と苛立たしげに言い放ち、今掛けている眼鏡を外し、フレームをバキっと二つ折りにしてゴミ箱の中に投げ捨てたのだという。

彼氏によれば、レンズにその場にいるはずのない見知らぬ女性の顔が映り込むというこの現象は、今回で五度目となるのだそうだ。過去の四度は彼氏の元カノが、今回の洋子さんとほぼ同様の状況で、酷似した体験をしたとのこと。

彼氏自身はそのレンズの中の女性を一度も目にしたことがないそうで、彼氏と関係を持った女性だけが、その存在を認識しているのだと。

結局、洋子さんとこの彼氏との関係は数カ月しか続かなかったそうで、かつては惚れ込んでいた彼氏の顔も時間の経過とともに殆《ほとん》どおぼろげになりつつあるとのことだが、眼鏡のレンズに映り込んだ女性の顔は今もはっきりと覚えているという。

それは年の頃三十前後で尖《とが》り顎の、長いストレートの黒髪に白い肌のコントラストが眩《まぶ》しい女性で、異様なほどに小さな黒目でじっと洋子さんのことを見つめ返していたそうだ。

茶碗

蓑田さんは転職を機に、格安のアパートに引っ越してきた。

引っ越しの理由としては、勿論、経済状況の悪化が一番であった。

しかし、独身故の身軽さから、これをきっかけに全ての環境を変えたい、という思いも頭の片隅にあったのかもしれない。

次の会社への初出勤日はまだまだ先であったが、これほどまでに自由な時間を使えることは滅多にないであろう。

そう考えて引っ越し作業も早々に完了させると、久々の長い休日をゆっくりと過ごすことにした。

ところが、家の中にいてもやることがあまりない。

そこで、折角見知らぬ土地へ来たのだからと付近の散策を始めることにした。

とりあえずは近場ということで、アパートの裏にある細い道を歩いていくと、五分ほど経過した辺りでいきなり現れた異様な光景に思わず目を疑った。

一見、小綺麗な住宅が立ち並んだ、最近開発された土地に思えた。

その一角に、一際目立つ背の高い樹木や雑草に囲まれた、平屋の物件が垣間見える。

恐らく築五十年以上は悠に経過しているのではないだろうか。

蔦《つた》の類によってがんじがらめに侵食された家屋は、遠目でもとうの昔に打ち捨てられた廃屋であることが分かる。

しかも背の高い草木には様々な生き物が生息しているのか、生き物達の雑多な鳴き声が異様に喧《かまびす》しい。

だが、彼の目を釘付けにしたものはそれらではなかった。

雑草で生い茂った門の前に、薄汚い赤茶色のプラスチック製コンテナが逆さまに置かれていた。

何処かで見たことがあると思ったら、確か清酒の一升瓶が六本入る、よく酒屋で見かけるものに違いない。

その上には年代物の新聞紙が無造作に敷かれて、小汚い茶碗やコップ酒の空き瓶がまばらに置かれている。

更にそのコンテナの前面には、藁半紙の張り紙がしてあった。

そこには、拙《つたな》い字でこう書かれている。

「ごじいうにおもちくだしい」

それを見るなり、思わず顔を露骨に顰《しか》めてしまった。

「御自由に、つったって要らんわな、こんなもん」

そう呟くと、コンテナに顔を寄せて、まじまじと張り紙を観察した。

紙自体は恐らく新品で、まるでたった今貼られたかのように綺麗な状態であった。

だが、誰が一体こんなガラクタをこんな場所に並べたのであろうか。しかも張り紙までして。

この廃墟の住人、又は関係者なのかもしれない。いや寧《むし》ろ、近所に住む悪ガキのいたずらなのであろうか。

色々と想像を巡らせている途中、ほんの遊び心で、置かれた茶碗の縁を何げなく人差し指で軽く弾いてしまった。

その瞬間、ずうん、といった鈍く重苦しい音が辺りに鳴り響いた。

右側頭部の辺りに、まるで脳味噌が揺さぶられたかのような、厭な痛みが瞬時に走る。

そのあまりの痛みに、思わずその場で吐き気を催したほどであった。

こめかみの辺りを押さえながら、咄嗟《とっさ》にその場にしゃがみ込んだ。

何とかして鎮めようと掌で軽く摩《す》ってやると、次第に治まっていく。

ゆっくりかつ深い呼吸をしながら立ち上がった途端、思わず息を呑んでしまった。

鳥や虫の喧《やかま》しい鳴き声がいつの間にかぴたりと止んでおり、周囲には異様なまでの静けさが広がっているではないか。

「えっ？　一体、何事？」

慌てて周囲を見渡すが、一見異常は感じられない。ただ先ほどまでの痛みが関係しているのか、頭がぐるぐると回っているような、妙な感覚に囚われてしまう。

朦朧《もうろう》とする意識の中、ふと目の前のコンテナの上に視線を移すと、先ほど指で弾いた茶碗が真っ二つに割れていた。

あんなに軽く指で弾いただけで割れてしまうのか。

驚きと呆れの感情が入り混じった状態のまま呆然としていると、何処からともなく視線を感じるような気がした。

しかも一人ではない。大勢の視線に射抜かれているような気がしてならない。

この妙な感覚に、全身が一気に総毛立つ。

落ち着こう。ちょっと、冷静になろう。

大きく深呼吸を一つしてから生唾を飲み込み、恐る恐る、四方八方へと視線を動かす。

「……うっ」

驚きのあまり、珍妙な声が喉から漏れる。

見ている。絶対に、見ている。変なものが、こっちを見ている。

逆さになったコンテナの陰から、真っ白い皮膚をして、のっぺりとしたまるでお面のような顔がこちらを見ているではないか。

しかもここからははみ出た顔しか見えず、その他の部分は一切確認できない。

長くて艶のない乱れ髪で、目と口はまるで子供の落書きのように薄っぺらく、あたかも書き忘れたかのように、鼻は抜け落ちている。

その生気の一切感じられない糸目から逃れるように、ほんの一瞬だけ目を逸らしてしまった。

そして視線を戻したときには、異形のものは何処かへと消えてしまっていた。

厭にねっとりとした汗が、全身から隈《くま》無く溢れ出す。

箕田さんは大きな呼吸を一つした後、早足で自室へと逃げ帰った。

まるで鉛が埋め込まれたかのように、重苦しく痛む側頭部を押さえながら。

部屋に辿り着くなり、間髪入れずに酒を飲み始めた。こうでもしなければ、頭がどうにかなってしまいそうな気がしたからに他ならない。

さっきの場所は一体何だったのか。あの茶碗や張り紙は一体どういうつもりなのか。そして、自分は一体何をしでかしたのか。

そのようなことを考えていく内、ついつい安酒を浴びるように飲んでしまい、いつの間にか気を失ったように眠りに就いていた。

そして、最悪な気分で翌朝を迎える。

尋常ではない頭痛と下腹部に痛みすら覚える尿意によって、半ば強制的に目覚めさせられた。

起きるやいなや便所に駆け込んで、用を足して部屋に戻ってくると、あまりの光景に思わず目を疑った。

全身真っ黒で小学生くらいの背丈の何者かが、部屋の片隅で正座をしていたのだ。

そして、そいつの前の床には見覚えのある茶碗が置かれている。しかも、それだけではない。畳からは異様に痩せ細った毛深い両腕がぬっと伸びており、その茶碗を両側から掌で押さえているのだ。

骨と皮と毛だけで適当に拵えたような手が、まるで愛しいものを撫で回すかのように不気味に蠢《うごめ》く。

散々撫で回したかと思うと、両手は茶碗からそっと離れる。しかし、割れた茶碗は当然の如く二つに分かれ、軽い音を立てて畳の上に転がる。

その瞬間、真っ黒な少年の口がまるで熟したあけびのようにぱかっと大きく割れ、その真っ赤な部分から発せられたと思しき甲高い悲鳴が部屋中に容赦なく鳴り響いた。

そのあまりの喧しさに恐れ戦《おのの》いたのか、彼は裸足のまま部屋を飛び出してしまった。

見知らぬ土地でまだ知り合いもいない状態である。結局どうすることもできず、あっという間にアパートの自室に戻ることになった。


しかし、これは一体どういうことなのであろうか。

やはり、あの茶碗を割ってしまったことが原因なのかもしれない。

うん、きっと、そうに違いない。恐らく取り返しの付かないことをしてしまったのだ、と自分の迂闊《うかつ》さを心底呪った。

何故なら、この現象は翌日以降も続いたからである。

ふと気が付くと、例の真っ黒い奴が部屋の片隅で正座をしている。更に、気味の悪い腕と忌々しい割れ茶碗も一緒に現れる。

決して毎日ではなかったが、結構な頻度でそれらは姿を現す。

別に何か危害を加えられる訳ではなかった。それでも、あのような得体の知れないものを見せられるだけで、精神が徐々に磨《す》り減っていく。

そして数日経った頃には、箕田さんの顔から笑顔は消え失せてしまった。

更に、何かをする気力までごっそりと奪い取られてしまったとしか思えなかった。

人間、墜ちるときはとことんまで墜ちていくもの。

朝起きて夜眠る。そんな普通の生活習慣すら続かなくなった。

新しい会社に出社し始めても、どことなく上の空で、何に対しても集中できなくなっていた。

そしてまともな受け答えすら覚束なくなってしまい、簡単なことでも失敗するようになっていたのだ。

会社としても、中途採用した人間にそれほど教育もしていられない。当然、一カ月も経たない内に退職せざるを得なかった。

やがて経済的にも追い詰められ、家賃の支払いも滞ってしまい、間もなくこの部屋からも立ち退きを余儀なくされた。

〈もう、好きにしてくれ〉

上半身裸のまま部屋を飛び出すと、ケラケラと笑い声を上げながら、何も考えずにあの廃墟へと向かって走っていった。

相も変わらず、張り紙の貼られた清酒用のコンテナが置かれている。

だが、その上に載っているものが目に入った途端、意図せず軽い悲鳴を上げてしまった。

到底信じられないが、そこには彼の割ったあの茶碗が置かれていたのだ。

しかも、静かに近付いて凝視したにも拘らず、何処にも割れた形跡がない。

意味が分からずその場でキョロキョロとしていると、視線が張り紙の内容を捉えた。

そこには、こう書かれていた。

「あいがとごぜます。たすかいました」


その日以降、箕田さんのところに例のモノは現れていない。

「まあ、一体何だったのかよく分かりませんけど、ほんと助かりましたよ。相変わらず貧乏暮らしですけど。仕事も何とか見つかったし、日々の住まいと食事には困らないんで」

そう言いながら、ぎこちなく微笑んでみせた。

彼は今でも、あのアパートの一室で暮らしている。

例の廃墟は勿論健在であるし、張り紙のしてあるコンテナも未だに存在している、とのことである。

尚、なるべく見ないようにしているので、張り紙の内容までは分からない。

盛り上がってるかい？

夜半のこと。
相応に深い眠りに落ちていた、と自分では思っていた。
だが、気づいたら覚醒している。いや、させられている。
何か騒がしい。
人の気配とか、騒々しさとか、そういった曖昧なものではなく、音が聞こえる。
いや、音楽か。
より正確には、それは歌声である。
鼻歌とか、そんなレベルのものではなく朗々とシャウトしている。
テレビを点けっぱなしにしていたか、と眠い目を擦ったが室内は暗い。
ラジオ……なんて今時持っていないし。
鼻歌ではなくハミングでもない。
ないのだが、耳に届く音はか細く、小さい。
外か？　近所で誰かが騒いでいるのか？

飲み屋帰りの学生が、酔っ払ってがなっているのでは？
だが、歌声の出所は部屋の外からではない。
室内である。
音の出る装置、他に何かあったっけ。スマホ、とか……。
思いつく限りのものを脳裏にカウントするうち、もう完全に目が覚めてしまった。
「くっそ、何処から聞こえてんだよ！」
改めてベッドから身を起こし、両耳に手を当てて欹《そばだ》てた。
室内のどこでもない。
自分の直近からそれは聞こえてくる。
背後から。もっと言えば、自分の頭の後ろのほうから。
枕から。もっと言えば、パイプベッドのヘッドレストから。
まさか——と、思って安っぽいベッドのパイプフレームに耳を押し当てると、ビンゴ。
歌声は暫くの間聞こえていたが、そのうち消えた。
曲名と歌詞はよく分からなかったが、巷でよく聞く流行の曲であった。

笑うホッチキス

六月初めのこと。いつものように出勤した樋上さんを待っていたのは、上司からの呼び出しだった。

部下の真田に関することだ。

ここ数日、無断欠勤を続けていた真田から封書が届いたという。

中身は退職願いと、樋上さんから受けたパワハラの様子が詳細に記されたレポート用紙、それとSDカードが一枚。中身は、現場を隠し録りした音声データだった。

以前に一度、上司から事情聴取されたときには、パワハラなどではなく教育係としての業務指導だと答えている。

丁寧に教えたつもりであり、それをパワハラなどと言われるのは、寧ろ名誉毀損で訴えたいぐらいだと反論した。

樋上さんの中では、それで終わったことであった。事実、それ以降の真田は普段通りの勤務を続けていたはずだ。

それがここに至って、このような卑怯な方法を使うとは。

どうしても納得できない樋上さんだったが、真田が自殺未遂をしていたと聞かされ、言葉を失ってしまった。

発見が早くて助かったようだが、そうまでして訴えたからには樋上さんも無傷という訳にはいかない。

ある程度の覚悟はしておいたほうがいいとのことであった。

「とはいえ、実際問題として君はこの現場で必要な人材だからね。頑張ってみるよ」

苦虫を噛み潰したままの上司が、そう請け負ってくれた。

色々と言いたいのは山々だが、とりあえずその場は引き下がるしかなかった。

どう考えても悪いのは真田だ。あいつのせいで、どれほど現場の能率が下がったか。

物覚えが良い相手なら、こっちも声を荒らげたりしない。

だが真田は何度言っても、同じミスをしでかす。

対人関係も苦手で、チームワークができない。身体も弱く、欠勤が多い。

こんなにも長所がない人間も珍しい。

その癖、持ち物だけは徹底的に拘る。時計、鞄、スーツ、靴等々、他人に見られる物は、働きに見合わない高級品だ。

リボ払いで購入しているらしい。何より腹立たしいのは、文房具である。仕事もできないくせに、最高の物を使っているのだ。

樋上さんも、そこそこの物を使っているのだが、真田の文房具は見た目からして違う。ボールペン、卓上計算機などもそうだが、中でもホッチキスは異様に目立った。

持ち重りのする総金属製で、鈍く光っている。五千円以上するらしい。

「この音が堪らんのですよ。百均じゃこれほど重い音は出ない。止めたときの手応えも抜群だし、やっぱり値段だけのことはありますね」

そう言って、真田はほくそ笑んでいた。

実際のところ、個人がホッチキスを使う機会は滅多にない。宝の持ち腐れという奴だ。

「腐った奴が使うから、より一層腐るんだよな」

独り言を垂れ流しながら、樋上さんは自分の机に戻った。

部内には既に情報が流れているらしく、全員がわざとらしく目を逸らす。

何だこいつら、俺が自殺に追い込んだとでも言いたいのか。

お前らも嫌ってたじゃないか。さっさと辞めろ給料泥棒なんて罵っていた奴は、何人もいたぞ。

謂《い》わば、この部署全員が共犯者だろうが。

樋上さんは、静まり返った部屋全体に聞こえるような舌打ちをした。

全員が凍り付く様子を見て、僅かに気が晴れた。

真田の退職は受理されたが、結構な額の退職金が支払われた。

謂わば口止め料である。樋上さんは厳重注意で終わった。

そういう裏があったことをしっかりと頭に入れて、業務に励むようにとのことであった。次にパワハラの訴えがあったら、その時点でアウトだとも言われた。

懐が暖かくなったせいか、真田は会社に残した私物全てを放棄すると連絡してきたらしい。絶対に引き取りにくると思っていただけに、意外であった。

ただし、片付け役は樋上さんにという要望付きだ。それも罪滅ぼしの一つだと上司から言われ、樋上さんは嫌々ながら真田の机に向かった。

それほど量はない。雑用程度の業務しか与えられていなかったから、当然と言えば当然だ。

全て段ボール箱に放り込んでいく。

最後に残った引き出しを開けた樋上さんは、密かに微笑んだ。

真田御自慢の文房具が入っている。

ボールペン、計算機。そして例のホッチキス。

これを全て捨てるのは、流石に勿体ない。俺のように優秀な人間に使われたら、こいつらもさぞや嬉しかろう。

樋上さんはとりあえず全てを段ボール箱に詰め込んだ。

ゴミ置き場で文房具だけを取り出し、己の鞄に詰め込む。

鬱積していた苛つきが、一気に解消した。


流石に社内で使う訳にはいかない。

廃棄された物を再利用するだけだが、色々と突っ込まれるのも面倒だ。自宅で使うことにした。

ボールペンは息子のお絵かき用だ。ホッチキスは町内会で使おう。計算機は妻が喜ぶに違いない。

帰宅し、息子を呼ぶ。また泣いていたようだ。下の娘が産まれたばかりで、母親を独占できなくなった不満が溜まっているのだろう。

ボールペンを渡し、使い方を教えると目を輝かせてお絵かきを始めた。

授乳を終え、台所に向かおうとする妻に、今夜は僕が作るからと優しい言葉を掛ける。

ざまぁ見ろ、真田。こんな幸せはリボ払いでも買えないだろう。

微笑みを浮かべ、樋上さんは自慢のカレーに取り掛かった。

五分ほど経った頃、居間で息子が泣きだした。何か気に入らないことでもあったのだろう。妻に任せ、料理を続ける。

泣き声が絶叫に変わった。更に、下の娘も火の点いたように泣き始めている。

流石に放ってはおけず、樋上さんは居間に向かった。

「いたい、いたい、いたい」

息子が顔を覆って泣き叫んでいる。

「どうしたの、パパに見せてごらん」

無理矢理、手をどかせる。

現れた息子の顔を見て、樋上さんは絶句した。

頬、耳、瞼。顔中にホッチキスが突き刺さっている。特に酷いのは耳たぶと頬だ。

何とかして取ろうとするのだが、痛がって暴れるため、どうにもならない。

下の娘も吠えるような泣き声になっている。

樋上さんはとりあえず息子を抱きかかえ、子供部屋に走った。妻が覆いかぶさって何かしている。その右手にホッチキスが鈍く光った。

妻は何度も同じ言葉を繰り返している。

「この音が堪らんのですよ。百均じゃこれほど重い音は出ない。止めたときの手応えも抜群だし、やっぱり値段だけのことはありますね」

羽交い絞めにしたが、強い力で振りほどかれた。

「この音が堪らんのですよ。百均じゃこれほど重い音は出ない。止めたときの手応えも抜群だし、やっぱり値段だけのことはありますね」

下の娘の泣き声が変わった。見ると、上下の唇がホッチキスで綴じられている。

樋上さんは思い切り妻を殴った。妻は気を失って床に転がり、漸く動きを止めた。

妻の顔や手もホッチキスの針だらけだが、子供達の介抱が先だ。

樋上さんは、自分の指を血塗れにしながら、一つずつ針を外していった。

あと少しというところで、妙な音がした。振り返ると、妻の手の中でホッチキスが勝手に動いている。

カチャカチャと、まるで笑っているようだったという。

子供達は二人とも顔面に傷が残ってしまったが、将来的に整形で何とかできる範囲だった。

妻は身体の傷よりも、心に傷が残ってしまった。

二カ月経った今でも、言葉が出ない。

ただ、授乳しているときだけは声が漏れる。

「ごめんね。ごめんね」

それが唯一聞ける妻の声だ。

キャラクター看板

今から十年以上前の話。

週末の夜、池尻さんは一人で夜の六本木を歩いていた。

仕事が遅くなった池尻さんは、夜の十時過ぎだというのにまだ一口もアルコールを飲んでいなかった。

「偶《たま》には馴染みの店以外でも飲んでみたいな」

池尻さんは、その日に限って普段はいかないエリアまで足を運んでみた。

すると人通りの殆どない路地の奥まった場所に、一軒の洋風レストランを見つけた。昼は食事、夜はワインをメインに提供する店のようだった。

レストランの前には、その店の立て看板が倒れていたので、池尻さんは元に戻してあげた。

看板には、店名と犬を擬人化したようなキャラクターが描かれている。

どうやら、このレストランのマスコット的キャラクターのようだった。

だが、レストランの入り口であるガラス扉にはつい最近、店が廃業したことを告げる張り紙がしてあった。

「お前も、もっと活躍したかっただろうな……」

池尻さんは、看板の中で笑うマスコットキャラクターを軽く撫でた。

廃業後、手入れをされていない看板は汚れ、細かい傷が無数にあった。

池尻さんがガラス扉越しに中を覗《のぞ》くと、暗い店内はお洒落な椅子やテーブルが幾つか並ぶ、こぢんまりとした雰囲気の店だった。

「残念だな、俺好みの内装なのに」

池尻さんが何となくガラス扉を引いてみると、鍵を掛け忘れたのか、驚いたことにそれは簡単に開いた。

「幾ら廃業したとはいえ、不用心すぎるだろ」

そんなことを言いつつも、池尻さんは店内に入ってしまった。

彼は改めて店内を見回し、「惜しいな。こんな落ち着いた店で、肉料理でも突きながら飲みたかった」と呟く。

そのとき、店内の空気が一瞬だけ変わった。

池尻さんによると、ほんの僅かな時間だったが、店の中に何人もの人間が存在しているような感じがしたという。

「そろそろお暇《いとま》するか。一杯も飲んでないのに不法侵入で捕まったら損だ」

池尻さんが店から出ようと後ろを振り向くと、出入り口のガラス扉の前に先ほどまではなかった物が立っていた。

それは店の前で池尻さんが起こしてあげた、キャラクター看板だった。

汚れや傷からして、先ほどの看板に間違いなかった。

池尻さんは驚いたが、すぐに落ち着きを取り戻す。

「名残惜しいかい？　俺もここで飲みたかったよ」

池尻さんは、再びキャラクター看板を優しく撫でるとそのまま店を出た。

紙芝居舞台

「私自身が直接、その怪現象を体験している訳ではないのですが、それでも良ければお話ししますね」

東京都K区の認定保育園に勤める新人保育士、嶋村さんは最初にそう断りを入れながら、私に語り始めた。

嶋村さんの職場である保育園には現在、使われていない紙芝居舞台があるという。紙芝居舞台とは絵を横から収め、観客に披露するための枠のことだ。

保育園の倉庫で眠っているという、その紙芝居舞台は樫《かし》の木で作られた立派な物で、正面は観音開きになっていた。

左右の木の扉を開くと、紙に描かれた夢の物語が始まるという訳だ。

何でもその紙芝居舞台は亡くなった先代の園長が、ある有名な職人に作らせた特注品だったという。

だがその金も手間も掛かった豪華な紙芝居舞台は、何故か数回使用されただけで数年前から、倉庫送りになってしまったらしい。

理由は二つあった。一つは紙芝居舞台の観音扉が時々、勝手に開閉するのを繰り返し、加えて絵を入れる枠内から子供の顔が現れるというのだ。

枠内の子供の顔を見た先輩保育士達の話によると、顔の輪郭《りんかく》や目鼻などのパーツは曖昧で性別ははっきりとしない。

また眼球は死んだ魚のように白濁としているが、その顔を見た者をしっかりと見つめ返してくるらしい。

もう一つの理由は、その紙芝居舞台で園児達にお話を披露した保育士達が皆、後になっておかしくなってしまうのだ。

具体的に、どうおかしくなるのか島崎さんに訊いてみると、紙芝居舞台を使用した保育士達は口々に、「お話を聞かせた園児達の目がその後、ずっと白く濁って見える。それが恐ろしくて耐えられない」とやや錯乱気味に訴え、全員がすぐに保育園を辞めてしまうのだという。

ただでさえ慢性的な人手不足の保育園業界。

そんなことが何回も続いたこともあって、その豪華な紙芝居舞台は倉庫に封印されてしまったという訳だ。

「その紙芝居舞台には、何か曰《いわ》くみたいなものがあったのですか？」

私の質問に対して、嶋村さんは軽く首を傾げながら答える。

「私も園内の大掃除のとき、倉庫内で一度だけ、透明なビニールで覆われたその紙芝居舞台を見たことがあります。話に聞いていた通り、とても立派で豪華な作りでした。こんなこと言ってはいけませんが、子供相手には勿体ないくらい。しかも数回しか使われていないから、新品同様なんです。ビニール越しに観察しただけでしたが、怖いとか奇妙な感じは全くしませんでした」

嶋村さんは、やや興奮気味に早口で話を続ける。

「これも先輩から聞いた話なのですが、亡くなった先代の園長、紙芝居舞台を作成してもらった後、詳しい経緯は不明ですがその職人さんと大喧嘩して裁判も辞さないと激怒しながら周りに言い回っていたそうです。そのことと、あの紙芝居舞台の怪現象との間に因果関係があるかどうかは、分からないそうですが……。で、紙芝居舞台がお蔵入りになると同時期に、先代園長は急性の心筋梗塞で亡くなってしまい、裁判云々は立ち消えになりました。その後、現在の園長である先代園長の奥さんが、職人さんにコンタクトを取ろうとしましたが、その方も行方不明で今も連絡ができないらしいです。一体、二人の間に何があったのでしょうね？」

前園長と職人についての詳細は、今の園長だけが知っているらしく、古参の先輩保育士達に訊いても内容は分からない。

また嶋村さんは今後も、その保育園で働くつもりらしい。

「今の保育園には怖いことも不思議な現象も起きません。保育士の仕事は大変ですが、この待遇や職場環境はまあまあ良好ですから」

しかし最近、気になる話が持ち上がっているという。

「園長が例の紙芝居舞台、他の保育園に譲渡しようと考えているみたいです。そのときは先方に、きちんとアレに纏わる話をするのかな、と」

少しだけ進む

都内の企業に勤める福実《ふくみ》氏は今年の初め、三年ぶりに実家に帰った。

コロナによる県外移動の規制に加え、仕事自体も忙しかったためだ。

久しぶりに自分の部屋に入ると、壁に以前はなかった黄色い丸形の時計が掛けてあった。

それは彼の父親が十年ほど前にホームセンターで買ってきたもので、外国で大量生産された、何処にでも売っていそうな掛け時計だった。

以前は居間に掛けてあったこの黄色い時計だが、何故か福実氏の部屋に移動していた。

まだ使えるから——と、時計のなかった福実氏の部屋に母親が掛けたのだ。

「この黄色い時計、相変わらずなの？」と福実氏は母親に訊いた。

すると母親は「そうなのよ。あなたがいなかった間も、そして今も相変わらずよ」と久しぶりに帰ってきた息子の上着を受け取りながら言った。

その黄色い時計は、少し変わったところがあった。

時刻を正確に合わせても、必ずいつの間にか十分間進んでしまうのだ。

何度、針を正確な時刻に合わせても、絶対に十分間だけ進んでしまう。

買ってきた当時、神経質な父親はこの不良品を返品しようとしたが、母親は「十分遅らせて見ればいいだけでしょう」と呑気に言ったという。

「そもそも、これを買った帰りの車内でも変だった。後部座席に小柄な老人みたいなのが何故か乗っていて、何かを指し示すように腕を延ばしてくるんだ。あれは俺の腕時計や、車の時計を指さしていたのかもしれない……」

福実氏は彼の父親がそんな不思議なことを言ったのは初めてだったので、母親とともに驚いたのをよく憶えているという。

その後、父親はその話は気のせいだと忌々しそうに撤回したらしい。

それでも父親は気付いたら進んだ針を直すが、やはりいつの間にか十分間進んでしまう。じわじわではなくて、いつも一気に十分間だった。

そして十年経った今でも、父親は偶に息子の部屋にやってきては針を直すらしいが、それは無駄な努力で終わっていたという。


帰ってきた夜、福実氏は久しぶりに自分の部屋で寝ることにした。

黄色い時計は布団の足側の壁に掛かっていた。

寝る前、福実氏は何となく黄色い時計の針を正確な時刻に戻したという。

「どうせすぐに、進んでしまうのだろうけど」

福実氏は布団に入ると日頃の疲れが出たのか、すぐに眠ってしまった。

夜中、足元が異様に冷たく感じて福実氏は目を覚ました。

自分の足元、丁度黄色い時計の真下に煙の渦のようなモノがいた。

福実氏は驚いて「あっ」と小声を出したが、横たわったまま頭だけを上げてその煙の渦を暫く観察した。

煙の中では、小柄で痩せた人間のようなモノが床に手をついて座っていた。

それを見て福実氏は十年前、父親が時計を買ってきたとき、車内に老人みたいなのがいた、という話を思い出した。

だが、福実氏にはそいつが痩せこけた子供のように思えたという。

痩せたモノはゆっくりと片腕を上げると指先からポッと煙の球を出し、それは頭上の黄色い時計に向かって昇っていった。

煙の球が時計に当たった瞬間、長い針が十分間だけ進んだ。

同時に痩せたモノは、煙の渦とともに消え去った。

福実氏は「買ってきて以来、時計の針を十分間進めていたのは、あいつだったのか」と納得したが、何故か殆ど怖さを感じなかった。

翌朝、福実氏はその不思議な出来事を両親に話したが、「夢でも見たのではないか」と相手にされずに終わった。

福実氏が東京に戻ってから、暫くすると母親から電話があった。

「別に報告するほどのことではなかったのだけど……」

あの後、黄色い時計は残念ながら少し前に起きた大きめの地震のとき、床に勢いよく落ちて壊れてしまったのだという。

母親は、壊れた黄色い時計を燃えないゴミに出すためにゴミ袋に入れたとき、何故か手を合わせたらしい。

そして気が付くと、後ろで父親も手を合わせていたという。

追悼！　アンパンの儀

俺が若い頃はやんちゃな奴らがまだ沢山いた。

ヤンキー漫画が馬鹿売れしていた時代があった。

シンナーを吸ったり万引きをしたり、喧嘩に明け暮れるような連中がそこいらをウロウロしていたもんだった。今ならあり得ないような悪行を奴らはしていた。

そういう訳で、終始ラリってたような奴らから若かりし頃の怪異体験を聞き出そうとしてもさっぱり話にならず、心霊スポット巡りの話題が転じて武勇伝自慢に終始することがままある。しかし、俺としても「これは不思議だ。霊に違いない」と思ってしまうものが中にはある。とっておきのおぞましい話を一つ。

学生時代、前田はヤンキーに混じって日々を過ごしていたが根は真面目な男だった。

原付きの無免許運転もこなすし、仲間内が万引きで盛り上がっているようなら何食わぬ顔で駄菓子なんかを盗ったりもした。だが、そんな振る舞いをするときにいつも罪悪感は覚えていたという。

前田は絶対にクスリの類だけは手を出さないようにしようと心掛けていた。

捕まったら母ちゃんと父ちゃんに合わせる顔がない。

前田は俺と同じく家族思いだ。周りがシンナーや咳止めシロップなんかでおかしくなっていても、その一線だけは守る。

「お前、シャバいな」

と言われても、頑なに、

「うるせえ。気管と内臓が弱ぇえんだよ」

と憎まれ口を叩いてやり過ごすようにしていた。

どうせ本人達がラリってしまえば、こっちにちょっかいは出してこない。

ある冬、学校の中でもピカイチに頭がイカれていたコーキが失踪した。

東京でヤクザになったとか攫《さら》われて山に埋められたとかそんな噂が飛び交ったが、最も真実味がある説は先輩に後頭部を蹴られて動かなくなったので海に捨てられた、というものだった。

前田の仲間は舐められないように平然と振る舞っていたが、コーキの不在にはそれぞれ思うことがあったようだ。というのも、ある日一人が「コーキの弔いのために、シンナーパーティーをしよう」と提案し、場が大いに盛り上がったのだ。俺としてはとんでもない話に聞こえるが、どうもそれが罷《まか》り通る文化だったらしい。

パーティー会場はお決まりの農具倉庫だった。

ごく稀に置き場所に困った新品の農薬が数袋運び込まれる以外は、普段その木造倉庫に管理者の気配を感じることはない。

倉庫に常時鍵は掛かっておらず、公道からひょいと林に入ってすぐの所にあるので、彼らはそこを便利な秘密のラリホー基地として使っていたそうだ。

一同は何となく登校してから、昼前にさっとフケた。俺もそんなことはしたことがある。どうせフケるにしても、つい何となく登校してしまうもんだ。

基地には前田を含め八人のヤンキーが集合した。

車座になって女の話をそこそこにしてから、それぞれが段取りを済ませたコーヒーのミニ缶を前歯で咥えた。缶の中にはシンナーが入っている。倉庫の隅には誰かが勝手に置いたシンナーの一斗缶があるので、皆とてもスムーズな動きで準備をしていた。

前田はそんな彼らを尻目に（結局、コーキの話が一回も出てねえな……）と思いつつ、煙草に火を点けた。

段々と皆の目がトロンとしてくると、「明菜ちゃん……」と誰かが呟いた。

前田はその領域を体験したことはないが、幻覚を見ていることは分かる。念のために言っておくが、俺もやったことはない。やってはいけない。

程なくして殆ど白目を剥いてる者もいれば、一心不乱に己の股間を撫で回す者も出てきた。ここまで乱れると途中で抜け出したとて全く問題はないのだが、真面目な前田はこれにコーキの追悼の意味があると認識している。どうせ暫くするとチョイ冷めした奴から順に流れ解散が始まる。そのときまでは居座っておこう。

「バイク……へへへ。バイク……」

「声、でかいな。うん。俺の声、でかいな」

「おおおおお。釣れそうだ！　もう少しで百姓生活ともおさらばだ！」

ユニークな戯言《ざれごと》が各々の口から漏れてくる。

後で話のネタにでもしてやろうと、前田がぐるりと車座の面々を見回すと、そこに目を疑う者がいた。

（えっ！）

コーキが車座の輪に入って地面に座り込んでいた。

顔色は異常に青白く、両の眼球は鮮度の悪い魚のそれのように濁っている。

何より、制服の肩周りに大量の血。

「うわあああ！」

堪らず大声を出すと、仲間の一人が「おお。お前も景気が良いな」と呟いた。

立ち上がって倉庫から出ようとしたが、金縛りに遭って動けない。

コーキの前にはビニール袋が一つ置かれていた。

そういえば、わちゃわちゃと缶にシンナーが注がれる中、誰かが「これはコーキの分のアンパン」と御丁寧にシンナー入りの袋を地面に寝かせていたのだ。

アンパンでコーキの霊が召喚されてしまった。

しかも、正気の自分にしか見えていないのか、他の奴らは相変わらず焦点の合わない目で揺れるばかりだ。

「コーキ！　お前、死んだんだろ！」

前田はできる限りの大声で叫んだ。

ええ。俺、死んだっけ。

コーキはそう言ってから、如何にも美味しいケーキをこれから頬張ろうとするかのようにビニールに手を伸ばした。俺が思うに、コーキは死して尚、アンパンを欲していたのだろう。

だが、それは叶わなかった。

幾ら指を使ってもビニール袋は手を擦り抜けていく。

あの世とこの世の境が悲劇を生んでいるようだ。

あれ……あれ……？

コーキは暫くアンパンを掴もうと試したが、結局は無理だと悟ったらしく、睨むような目つきで前田を見た。

何、見てんだ。ブチ殺すぞ。

聞き慣れたコーキの恫喝《どうかつ》が飛び出すと、前田はスッと悲しい気持ちになった。

結局、コーキはその後も放心したようにその場に座っていたが、前田の金縛りが解けると同時に一瞬で消えた。

このことを誰に話しても、ラリってたんだろ、と苦笑いをされるばかりだったが、たった一人だけ「俺も亡くなったアイドルが目の前に現れたことあるから、気持ちは分かるよ」と同調する仲間がいたという。

皮肉なのは「そいつの前歯がボロボロだった」ことだと、前田は俺に語った。

足踏みミシン

五十嵐さんが中学生のときの夏休みの課題で、洋服を作るというものがあった。

当時ミシンを持っていなかった彼女は、幼馴染みの友人の家にある古い足踏みミシンを借りて作ることにした。

幼馴染みの家を訪れて、ミシンを借りようとする段になると、友人のお母さんが、古いもので使っていないから、あなたが良ければ貰ってくれないかと提案してくれた。

友人自身は男子で、その下には更に弟が二人だ。男世帯である。

「うちにはあたししか裁縫をする人はいないし、新しく電子式のミシンを買ったから、それ以来、居間の隅で物置にしかなっていないし、大事にしてくれる人がいてくれたら助かるんだよね。夏子ちゃん、どう？　古いものだけど貰ってくれない？」

裁縫が趣味で、家にミシンがあったらいいのにといつも願っていた五十嵐さんにとって、その申し出は願ってもいないことだった。

その晩、彼女は父に頼んで経営する会社の軽トラを出してもらった。ミシンは古いものということもあって、大変しっかりした造りで、それに比例して重かった。ただ友人も手伝ってくれたので、無事ミシンを自室に運び込むことができた。

五十嵐さんは、祖母の家で足踏みミシンを使ったことがあった。外観のレトロな感じが好きだったのもあり、すっかり御機嫌だった。

あっという間に課題も終え、その後も事ある毎《ごと》にそのミシンで小物を作ったりしていた。

そんなある夜のこと。自室で寝ていると、バタバタという音で目が覚めた。オレンジ色の常夜灯が暗く灯る中で目を凝らすと、ミシンの足踏み台が触れてもいないのに上下に動いていた。何事かと起き上がってライトを点ける。すると足踏み台はこちらを見ているかのように急に動きを止めた。

彼女は訝しんだが、ミシン自体が古いものということもあり、何かの拍子に動いたのだろうと考え直し、そこまで気に留めず、再度布団に戻って寝ることにした。

朝起きた頃には、昨晩そんなことがあったことも忘れ、急いで支度をして中学へと向かった。だが、夕方部活を終えて帰ると、母親が不思議なことを言った。

「夏子の部屋で何だかずっと音がしてたわよ。何か機械の電源とか入れっぱなしで学校に出かけたの？」

五十嵐さんには特に心当たりはなかった。だが母親が、バタバタという音がしていたと繰り返したことで、昨晩の記憶が蘇った。

――まさか。夜みたいにミシンが勝手に動いていたのかしら。

急いで自室へ向かう。すると、カバーを掛けてあったミシンが、そのカバーを巻き込むように途中まで縫った所で止まっていた。

学校に行っている間は誰も弄《いじ》っていないはずだ。五十嵐さんは気味が悪くなって、中途半端に縫われたカバーから糸を外し、ミシンからカバーも下ろした。

ただ、埃を被ってしまうのも嫌だったので、彼女は母親に頼んで古いシーツを出してもらい、それを新たにミシンに被せた。

だが彼女は、それでも今回のことは偶然何かの拍子にミシンが動いて、掛けておいた布が絡まっただけだろうと思うことにした。

怖かったからだ。

それから暫くの間は何事もなく月日が過ぎていった。

だがある晩、彼女は再びミシンの立てる音で目が覚めた。恐る恐る音のするほうに視線を向けると、うっすらとした人影がミシンの前に置かれた椅子に座っているのが見えた。

足踏みも滑らかにバタバタと上下している。

驚いた五十嵐さんは、急いで立ち上がってライトを点けたが、今回も足踏みは止まってしまい、先ほどの人影も見えなくなった。

流石に怖くなった彼女は、一晩中部屋を明るくしたままで休むことにした。

次の日に学校で仲の良い女友達に昨晩の体験を話していると、そのうちの一人が言った。

「夏子ちゃんさ、それ持ち主がまだ使いに来てるんじゃないの。亡くなった持ち主が、まだなんか未練があるとか言うじゃない」

「そんな怖いこと言わないでよ」

「でも、何か曰くがあったりしたら良くないから、元の持ち主さんに訊いてみるといいんじゃないの」

確かに友人の発言にも一理ある。五十嵐さんは幼馴染みの家に電話を掛けることにした。

電話口に出たのはお母さんだった。

「どうしたの夏子ちゃん。うちの子、塾に行っててまだ帰ってきてないけど――」

「あ、違うんです。ミシンのことでちょっとお訊ねしたいことがあって。あの、変なことをお聞きするようですが、あのミシンって、元々お母さんのものだったんですか？」

五十嵐さんがそう訊ねると、お母さんは驚いたような声を上げた。

電話口のお母さんの話によると、例のミシンは彼女の姉が亡くなったときに、形見として貰った物とのことだった。

「え、そんな大切な物だったのなら、すぐにお返ししないと！」

そう口にした五十嵐さんに、お母さんは優しい口調で、もううちでは使わないから是非使ってちょうだいと言ってくれた。

そう言われてしまうと、ミシンが怖いのだとは切り出せない。彼女にはお礼を言って電話を切ることしかできなかった。


それから一年ほど経ち、修学旅行で二日ほど家を空けて帰ると、母親が必死な形相で五十嵐さんに訴えた。

「あなたの部屋から、ずっとミシンの音が聞こえてきて気持ち悪いのよ。あれ、足踏みミシンよね。一体どうしてあんなことになってるの」

五十嵐さんは、今まで何度も不思議なことが起きていたのだと母親に打ち明けた。

恐る恐る二人で五十嵐さんの部屋を確認しに入ると、ミシンの針の下には古びた布を使った子供用のワンピースが、縫いかけの状態で置かれていた。

「これ——お母さんがやったの？」

「そんな馬鹿なことありっこないでしょう」

母親の唇は真っ青になって震えている。彼女は家族の中で一番の怖がりなのだ。

「このミシン、やっぱり返したほうが良いよね」

「それがいいんじゃないかしら。理由もなくこんなことが起きるとも思えないし――」

これは私から電話したほうが良さそうね、という母親の言葉に甘えることにした。

母親は上手く話を纏めてくれ、その晩に父の運転する軽トラで運ぶ算段になった。

玄関先で相手先のお母さんに事情を打ち明けると、彼女は表情を変えた。

「――そんなことがあったのね。実は姉は子供がまだ五歳のときに、交通事故で二人とも亡くなったの。手を繋いで横断歩道を渡ってたんだけどね。子供とお揃いの洋服を作るって、ミシンを使うのも楽しみにしていたの。結局、姉は殆ど使えなかったし、あたしも使わずにいたから、きっと姉も嬉しいだろうと思ったんだけど――それなら私がちゃんと供養してあげないと駄目ね。怖い思いさせてごめんなさい」

その後、ミシンはきちんと供養されたと聞いている。しかしこの経験以来、五十嵐さんは好きだった裁縫からは距離を置いているという。

黒いビニール傘

雨が降りそうな日のアルバイトは、いつもより気が重い。内田さんは渋面を隠すことなく、家を出た。

傘は持たない。アルバイト先のコンビニまでなら、何とか大丈夫だろう。多少濡れても、制服に着替えれば良い。帰りに激しく降っているようなら、コンビニに置いてある傘を借りる。

実は全て忘れ物だ。このコンビニは、忘れ物の傘の処理が杜撰《ずさん》だった。

コピー機に挟んだままの身分証明書、トイレに置き忘れたスマートフォンなどの個人が特定される忘れ物は、しっかりと保管して持ち主に返す。

ほぼ百パーセントの問い合わせがある。稀に来ない場合もあるが、そのときは警察に届け出る。そうしておかないと、後々のクレームが怖い。

問題はビニール傘だ。これは一括りにしてバックヤードに置いてある。一応、回収した年月日を貼り付けてあるが、いい加減なものだ。

先輩バイトの飯岡さんが言うには、ビニール傘やハンカチなども一週間以内に警察に届けなければならないらしい。

慢性的な人手不足の店で、警察に届け出に行く手間と時間が惜しいのだろう。そもそも、警察も纏めて廃棄するとのことだ。

問い合わせも滅多にない。だったらこっちで廃棄しても同じだ。

店長が、そう考えるのも無理はなかった。それに反対を唱えるアルバイトもいない。

いざとなれば、店長にそう言われてましたと白を切れば良いだけだ。

最初の頃は、遠慮して古びた傘を使っていた内田さんだが、最近は何も考えないようになっていた。

所詮、捨ててしまうゴミなのだから気にするだけ無駄なのだ。


あと少しで到着。

雨が降りそうな日は、コンビニの斜め前にある公園を確認する。

男がベンチに座っている。一応、スーツ姿だが、よく見ると皺《しわ》だらけだ。無精髭《ひげ》と相まって、外見はホームレスと大差ない。

これこそが、気が重い理由だ。

雨が降りそうな日、この妙なおっさんが現れるのである。

名前は分かっている。タカギシノブオ、四十五歳。正確な場所は知らないが、この店から五分の徒歩圏内に家がある。

コンビニには入ってこない。入ったら警察に通報するよう指示されている。不退去罪とか威力業務妨害罪とかになるらしい。

所謂《いわゆる》モンスタークレーマーだ。

出入り禁止は簡単なものではない。僅かでも差別に繋がるような要素があれば、たちまちネットで炎上するのが今の世の中だ。

だが、タカギシに関しては、その憂いがなかった。店長の胸倉を掴んで恫喝したのである。

暴力行為として訴えることも可能だったが、そうするとより一層揉めるかもしれない。弁護士を通じて書面で出入り禁止を伝えた結果、タカギシは店に入らなくなった。

その代わり、店が見渡せる公園に現れるようになったという。

先輩の飯岡さんが、そこまで執着する理由を教えてくれた。店長から直に聞いたそうだ。

タカギシにはアキコという娘がいた。父子家庭で大切に育てた宝物だった。

ある日、アキコがこのコンビニに立ち寄った。雨が降りそうな日だったので、ビニール傘を持っていたらしい。

出入り口横の傘立てに入れていたのだが、買い物を終えたら誰かに盗られていた。代わりの傘を買うほど余裕はない。諦めて家に帰る途中、ゲリラ豪雨に遭った。その夜から高熱を出し、咳が止まらなくなった。慢性気管支炎を持病に持つアキコは、翌朝を迎えることなく若い命を散らしてしまった。

激高した父親が店に現れ、泣きながら状況を説明し、こう怒鳴った。

「この店で傘を盗られたから娘が死んだ。傘を返せ。娘の墓前に供えるから、返してくれ」

父親にしてみれば、行き場のない怒りをぶつける対象が欲しかったのだろう。だが、何と言われても店に責任はない。冷静かつ丁寧に店長が応対したのだが、タカギシは納得せず、胸倉を掴んだのである。

「そんなもん、適当にビニ傘渡しておいたら良いのにって思うだろ。ところがおっさんが言うには、娘の傘には特徴があると。娘が好きなキャラクターのキーホルダーが付いているって」

飯岡さんは、声を潜めて話を続けた。

「でさ、あのおっさん、ビニ傘持ってる奴ら全員を呪ってるんだよ。無茶苦茶だよな」

飯岡さんが言うには、ビニ傘を開いた瞬間、おっさんが何やら呟きながら掌を掲げる。そうすると、開いたビニ傘が一瞬真っ黒に変わる。開いた本人は気付かないが、飯岡さんにははっきりと見えるそうだ。

それが呪いかどうか確証はない。

顔馴染みの客がそれをやられた数日後、重度の肺炎で死にかけたというのは知っているが、全員がそうなるかは分からない。

けれど、あのおっさんが何かしているのだけは間違いない。俺らは大丈夫、おっさんが狙うのは傘立ての奴だけだからな。

飯岡さんはしたり顔で、そう話してくれた。

「だから雨が降りそうな日は気が重いんです。タカギシアキコの傘が見つかる訳がないんですよ。だってそれは僕の部屋にあるから」

コンビニのバイトが決まる前のことだ。

店から出ようとしたら、雨が降ってきた。ふと見ると、大好きなキャラクターのキーホルダーが付いた傘がある。

ラッキー、一石二鳥じゃん。

そんな軽い気持ちで盗んだという。
因みに、キーホルダーは傘から取り外して使っているそうだ。
リュックサックに付けてあるのだが、タカギシは全く気付いていないとのことだ。

恋は盲目

俺はその日、飲みの場で初恋の話をしたかった。

だが、怪談話になってしまった……。

また怪異が俺にまとわりつく……。


和田は小学校の頃、卓球クラブの一学年上の女子、知世に恋していた。

ミニバスケットボールクラブだった和田は同じ体育館の端にいる、少人数の卓球クラブをチラチラと見ては胸をときめかせていたという。

知世ちゃん、今日も可愛いな。

バスケみたいなしんどいクラブは辞めて、卓球クラブに入っちゃおうかな。

あっちは何だか楽しそう。

と思いつつも、男子卓球クラブのひ弱な体格を見るとどうにも決断はできなくなる。

バスケのほうが格好いいだろう。こっちのほうが恋の成就に寧ろ近道……なんてことを考えてついつい和田はニヤつく。俺にもそんな時代はあったからこの気持ちは分かる。

だが、その後の和田の行動は童心という免許を以てしてさえも俺には理解できないものだった。それが、とんでもない怪異を呼ぶことと知らずに彼はそうしたのだ……。

和田はある日、クラブ活動を終え体育館が消灯された後、こっそり学校に忍び込んだ。

体育館に二つある勝手口の一つの内鍵を開けたままにしておいて、そこから侵入したのだという。

目当ては用具室にある卓球のラケットだった。

卓球クラブは私物のラケットを用具室に置いている。

知世のラケットを手に持ったり、気分が乗ったら舐めたりしようというのが和田の狙いだった。

用具室の戸には鍵は付いていない。

和田はいとも簡単に卓球クラブの用品がひとまとめに置いてある場所に近付くことができた。

さて、知世ちゃんのラケットは何処に……。

あれ。

流石にこの暗さだと見分けが付かないな。

何処かに名前が書いてあったはずだけど。

よく見えないな。

ラケットは仕切りが付いた木製の棚の中段に重なって置いてあった。

一つ一つ手に取って矯《た》めつ眇《すが》めつ確認するが、当たりが付かない。

さてどうしたもんか、腕組みをしているとカラーボックスの一番下段に置いてあるラケットが目に入った。

目を凝らすと、柄の部分に真新しい黒色の油性ペンで、知世のフルネームが書かれているのが分かった。

和田はポッと胸が熱くなり、思わずそのラケットを抱きしめる。

ああ。知世ちゃん、大好き。

結婚したい。

何でそんなに可愛いの。

どうも、そのままラケットとともにワルツでも踊ってしまいそうなほど、和田は興奮していたようだが、そんな調子の中、とんとんと背後から肩を叩かれたことで様相は一変する。

「わあっ！」

てっきり一人きりだと思っていたので、当然驚く。

振り返ると真後ろ、暗がりの中に人影がある。

背丈は自分より少し大きく、おかっぱ頭だ。

恐らくは女子だろうという輪郭だが、間近に立っているにしては、誰とも判然としない。

いずれにせよ、ラケットを胸に小躍りしている姿をこの子に見られてしまった。

何か言い訳をしなくては。

「違う。これは違うんだよ。忘れ物しちゃって」

和田は身振り手振りを加えて、懸命に言い訳をした。

「卓球にも興味があったから、ちょっと素振りをしてみたくなってさ！」

おかっぱ頭が誰なのかは依然として分からなかった。

それでも明日学校で自分の奇行が噂になるのを止めるためには、とりあえずこの子が誰かはさておき、今の事態を収束させなければいけない。

これは相当に恥ずかしい。

大体、何でこんな真っ暗の学校にまだ生徒がいるんだ。

この子こそ忘れ物か？

だとしたら、用務員さんにお願いして電気点けてもらうだろ。

そもそもいつから、この子は用具室にいたんだ？

僕は引き戸を閉めたはずだ。

開いた音なんて聞いてないし、そもそもこの狭さならどうやっても隠れられないだろう。

困ったな。

恥ずかしいところを見られたじゃないか。

もう。

「とにかく違うから！」

和田はそう捨て台詞を吐いて赤面しながら用具室を飛び出し、その勢いでまた勝手口から外に出た。

家に戻ると、予想通り両親は食卓で晩酌をしていて、十歳の我が子が夜中の外出をしていたことにはついぞ気付かぬままのようだった。

子供部屋にこっそり入り、電気を消す。

時刻は二十一時過ぎ。

暫くは気分が昂《たかぶ》っていたがいつしか和田は深い眠りに就き、迎えた朝、彼は信じられないものを手にしている自分に驚愕した。

何とラケットが手に握られていたのだ。

もしかして自分は奇行を目撃された動揺のあまり、知世ちゃんのラケットを持ったまま帰ってきてしまったのだろうか。

これはかなり不味い。

こっそり用具室に戻すためには、またひと工夫しなければ。

ラケットを見つめながら呆然としていると、和田はあることに気が付いた。

これ、柄に書いてあるの知世ちゃんの名前じゃないな。

というか、これ人の名前じゃない！

何か、お経みたいなものだ！

全然、読めないけどそんな感じ！

それに気付いた和田は堪らずラケットを放り投げた。

とんとん。

肩を叩く者がいる。

パジャマ姿の和田は恐る恐る振り返る。

朝の眩《まばゆ》いほどの陽光で部屋は照らされていた。

それなのに、やはりおかっぱ頭の輪郭は真っ黒で、まるで一人だけ闇の世界からカメラで写し出された映像であるかのように、その子は枕元に立っていた。

「ひゃああああ！」

情けない大声が出た。

「ひいいいいい！」

すぐさま階段を駆け上がる音が聞こえ、ドアが開くと現れた父が「どうした？」と心配そうな表情で言った。

どうもこうもない、と胸中で思ったときには女の子もラケットも目の前から消えていた。

和田は暫く泣きじゃくり、その日学校を休んだ。

以降、和田の身に何が起きるということもなく、今――齢五十八歳に至っている。

初恋の話が気になった俺は「結局、知世ちゃんとは」……と水を向けた。

すると和田は「可哀想に。二十歳になる前に死んじゃったみたいだよ」と答えた。

俺は、そのおぞましい体験談と知世の早死に何か関係があるとしか思えない。

ドリスさんのお気に入り

時計、人形、食器にコイン。コレクターが蒐集する年代物の品々は数あれど、米・インディアナ州在住の御婦人・ドリスさんのコレクションは、日本人にはあまり馴染みのない物だった。

彼女が集めていたのは、裁縫道具の一つ〈指貫《ゆびぬき》〉。日本の場合は指輪型のそれが一般的であるが、西洋では指先に被せるキャップ型の〈Thimble＝シンブル〉が広く認識されている。シンブルは裁縫に使用するだけでなく、幸福のアイテムとして古くから信じられており、アンティークの品を始め欧米各地の観光地で販売されている土産用の品など、多種多様な年代とデザインのシンブルの蒐集を趣味とする女性は、米国に多く存在する。何しろ指先大の小ぶりなサイズなので、集めても殆ど場所を取らないのもお勧めの点であるという。

ドリスさんは、自分で購入したり頂き物で手に入れて集めた二百個近いシンブルを、専用の木製ケースに並べ壁に掛け、絵画のように眺めて日々楽しんでいた。

ある年の誕生日、他州で暮らす娘さんが、ニューヨークの蚤《のみ》の市で手に入れたという年代物のシンブルを、プレゼントとして届けてくれた。

紫のビロードケースに収められたシンブルは銀製のようであり、馬だか犬だか山羊だか、欠けてしまっていてよく分からなかったが、四足の動物をモチーフにした紋章らしきものが細工された、明らかにヴィンテージな一品であった。既存のコレクションと並べても、一際威厳を放つそのシンブルをドリスさんは大層気に入り、ケースの一番目立つ場所を定位置にして飾ることにした。

最初にドリスさんの異変に気付いたのは、御主人のマイクさんだった。

深夜、隣で寝ているはずのドリスさんの姿がベッドにない。

いつもなら朝までぐっすりなのにどうしたのだろうと、マイクさんが様子を見に行くと、リビングの壁の前でぼうっと立ち尽くすドリスさんの姿があった。

「こんな夜中に何をしているんだ？」

マイクさんが声を掛けると、ハッとしたように、

「あら私、どうしてこんな所に？」

自分の行動に、自ら疑問符を浮かべるドリスさん。

「夢を見ていたのよ。これをはめて大きなキルトを縫っている夢よ。こんなこと初めてよ」

ドリスさんが指さす先には、件の年代物のシンブルが鈍く光っている。

そんな出来事が、連夜続いた。

「夢の中の私はね、とってもレトロなドレスを着ているの。溜め息が出るほど綺麗なキルトなのに、何だか凄く悲しい気持ちになるのよ」

ドリスさんが夢遊病のように毎夜歩き回ることや、夢の中の出来事ばかり熱く語ることに不安を覚えたマイクさんは、娘さんに相談をした。

「何それ怖い。とりあえず飾るのは止めて、入っていた箱にしまってみては」

娘さんのアドバイス通りに、銀のシンブルを元のビロードのケースにしまったところ効果はてきめんで、ドリスさんは夜に徘徊することもキルトの夢を見ることもなくなったという。

「さっさと手放したほうがいい」

娘からも夫からも強く言われたが、ドリスさんは「ちゃんとしまっておくから」と約束して、シンブルを所持し続けた。

さてドリスさんは、ボランティアで教会のＥＳＬにクラスを持っていた。ＥＳＬとはEnglish as a Second Language の略で、第二言語として英語を学ぼうとする、海外からの移住者のためのクラスであった。

南米、アジア、中東、世界各国出身の生徒達を自宅に招き、ホームパーティーを開催した折、ドリスさんのシンプルコレクションが話題に上がった。

折角の機会だと、ドリスさんは大切にしまっておいた銀のシンブルを皆に披露し、自分が見た夢と毎夜の一人歩きについてを語った。

興味深そうに話を聞く生徒達の中で、ソフィアという東欧出身の女性が、突然ぽろぽろと大粒の涙を流し始めた。

「何故だか分からない。でも涙が止まらない。胸が苦しい」

ソフィアはそう繰り返す。

その日はお開きになったが、ソフィアは改めてドリスさんに、

「言い値でお金は出すから、あのシンブルを譲ってくれないか」

と、頼んできた。

「何か運命的なものを感じたの。どうしてもあれを手元に置きたいの」

懇願されて、ドリスさんは娘さんとも相談し、シンブルをソフィアに譲ることにした。

「あまり心酔しないように」

念のため、そんな忠告を添えて。

数週間後に再会したＥＳＬのクラスで、ドリスさんはソフィアの手を見て驚きの声を上げた。

「どうしたの？　大丈夫？」

ソフィアの左手の指先全てに、絆創膏《ばんそうこう》が貼られている。特に中指の先端は、赤黒く血が滲み実に痛々しい。

「あのシンブルを使いたくて、キルトを始めたんです。でも下手くそだからこんなになっちゃって」

笑って答えるソフィアだったが、ドリスさんはその回答に大きな疑問を感じた。

キルトを縫う場合、基本シンブルは中指に装着する。運針の際、針を受ける指の保護のためなのだから、その中指が一番酷く傷ついているのはおかしいではないか。

「私、不器用だから」

心配するドリスさんを他所に、ソフィアは「大したことはない」とそれ以上の質問を受け流す。そして翌月からぱったりと、クラスに顔を出さなくなってしまった。

ドリスさんの自宅に、ソフィアのほうから連絡が入ったのはそれから数カ月後のことだった。

「キルト、自分の意志で始めた訳じゃないんです。自宅で何度も気を失うことがあって、気が付くとあれをはめて針と糸を握っているんです。あれにやらされているんです。あのシンブルに」

ドリスさんの忠告通り、飾ることはせずにケースにしまって保管していたのに、奇行は止まることがなかったと、電話口の向こうからソフィアは怯《おび》えた声で訴えてくる。

「とにかくすぐにシンブルを返して。後はこちらで何とかするから」

シンブルを持参し、必ず次回のクラスに参加することを約束したにも拘らず、ソフィアは教会に姿を見せることはなく、連絡さえ付かなくなってしまった。

懸念を残したまま、それでも月日は過ぎていく。

仕事をリタイアしたマイクさんとともに一月ほどバカンスに出かけたのち、お休みを貰っていた教会のボランティアに復帰した際のこと。

「貴女がいない間にソフィアが来てね、これを渡してくれって預かっていたの」

スタッフの一人から報告を受け、ブラウンバッグと呼ばれる茶色の紙袋を手渡された。中にはくしゃくしゃの布切れが、無造作に突っ込まれている。広げてみるとそれは、数種類の柄の布を大雑把に縫い合わせた、キルトと呼ぶにはあまりにもお粗末な仕上がりの代物だった。

その異様さ以上に衝撃だったのは、布の彼方此方《あちこち》に血液と思われる茶色い染みが幾つも付いていたことだった。

もしかして袋の中にシンブルも同封されているのではと探してみたが、シンブルもビロードのケースも見つからない。

「ソフィア元気だった？　何処か様子がおかしいところはなかった？」

ドリスさんが訊ねると、スタッフは眉を顰《ひそ》めて、

「彼女、左手の指を怪我したらしくてね。炎症が酷くて、切断するしかなかったとかで」

ソフィアの左手の中指は、第一関節辺りから欠損していたと告げてきた。

すぐさま登録されていた住所を訪れたが、該当の部屋には既に別の移民家族が暮らし始めていた。

ドリスさんが自宅に持ち帰ったソフィアが残した布は、次第に悪臭を放つようになった。

廃棄するしかないかと、その前にもう一度広げて眺めてみると、生成りの布地の部分に、血を擦りつけて書いたような文字らしきものが見て取れた。その四文字を繋げると――。

〈ＨＥＬＰ〉

と読めてしまう事実に震えながら、ドリスさんは自宅の暖炉に布をくべ、長い祈りを捧げたという。

掃除機

長年使っている掃除機がある。

新しいものに替えようと思うたび、その廃棄方法に頭を悩ませている。いやまあ、自治体の指定した方法で捨てれば良いのだが、そうは簡単にいかない事情というものがある訳で。

どんな最新式でも年月が経てば大概な旧式と成り果てるのは世の常だが、未だ吸引力の衰えない唯一つの何とやらと言うかまあ、何一つ不具合もなく立派に現役であるので捨てるに捨てられない。どんなものでもきっちり吸い込んで綺麗にしてくれるので結構重宝している部分も大いにある。

そう、それが如何なるものであろうとも、「吸い込む」という己の仕事を愚直なまで律儀に遂行してくれるのだ。喩えそれがずっとボブカットで過ごし、ここ五年ほどはベリーショートとなった家主のものとは到底思えない、二メートル以上はあるだろう長い髪の毛であろうとも。

時折現れる誰のものとも分からぬ髪を吸い込み続けて早十年。

そう十年、紛うことなく十年、経っちゃったのである。

こうなるともう特級呪物と言って良いのではないか。

そう思った家主は、ある日部屋に現れた幽霊へ向かい躊躇《ためら》うことなくノズルを向けた。

『あっ』

酷く情けない声とともに、青白い痩躯《そうく》の男はいとも容易《たやす》くノズルへ尻から吸い込まれた。

古い型だからか、この機種は紙パック式である。嫌な考えが頭を過ぎる。

捨てるときに中身がまた出てきやしないだろうか。

それは少し——いや、かなり嫌だ。

ちょっとドキドキしながら紙パックを外したが、普通の綿埃と黒い髪の毛しか入っていなかった。当然その八割方は、現在銀髪の家主のものではない、長い黒髪である。

そんなこんなで、何度か買い替えることを考えなかった訳ではないのだが、普通に廃棄したら回収した業者が呪われるのではないかと思うと、なかなか踏ん切りが付かないのである。

樽《たる》

二十年ほど前、知り合いの高野君が小学六年生だったときに体験した話。

休日、高野君は朝から実家に一人でいた。

両親は車で祖母の入院する病院に行っていたのだ。

本当は高野君も祖母に会いに行きたかったが、間近に迫る中学受験に備えて勉強をしなければならなかった。

その日は朝から強い雨が降っており、そのせいで家の裏を通る幅の狭い用水路が増水し、激しく流れる水の音が机に向かう高野君にも聞こえてきた。

「増水した後は更に臭くなるんだよなぁ、あの用水路」と、高野君は鉛筆を握ったまま独りごちた。

用水路は家々の間を通るように流れており、生活排水も含まれているのか、水はいつも濁っていて、少し嫌な臭いを放っていた。

普段は緩やかだが、雨が降ると増水して流れが速くなる。

高野君がトイレに行った後、何となく窓から用水路を覗いてみた。

　すると用水路の水面に、見慣れない物が浮いていた。

　それは大きな木製の樽だった。当時、高野君は樽を見て、てっきりそれは酒や味噌などを保存するために用いる物だと思っていた。

　不思議なことにその樽は激しい水の流れには影響されずに、何故か用水路の中央でくるくると回転し続けていた。

「何で、こんなところに樽があるのだろう?」

　高野君が樽を見ながら疑問に思っていると、突如、右手のほうから沢山の大声が響いてきた。そちらは用水路の上流に当たる。

「おおおおおおっ～!!」

　それほど広くない用水路の中を、数人の男達が雄叫びを上げながら高野君の家のほうを目指して走ってくる。

　男達の下半身は用水路の汚水に浸かっていたが、それをものともせずに進んでくると大きな樽の所までやってきた。

　そして全員で樽を持ち上げると、男達はまた雄叫びを上げながら、再び汚水の中を進み、用水路の上流へと走り去っていった。

　あっという間の出来事で、高野君は暫《しば》し用水路の流れを見ながら茫然と窓の前で立ち尽くしていたという。

その後、謎の男達の外見をよく思い出そうとした。

だが、彼らのことをしっかりと見たはずなのに、何故か男達の容姿や着ていた物などがはっきりと思い出せない。

ただ何となく、現代人の髪形や衣服ではなかった気がする。

そこまで考えて初めてゾッとした高野君は自分の部屋に戻って机に向かったが、勉強に集中するどころではなかった。

しばらくして、両親が帰ってきたが高野君は用水路での出来事を話さなかった。

当時は、話すと何か悪いことが起きるような気がしたからだという。

その出来事から大分経って、高野君はネットで調べ物をしていたとき、偶然にも用水路に浮いていた物がただの樽ではないことを知った。

あれは座棺という、日本の古い時代の棺桶だったことを。

海と鏡

ヤスコさんは一時期、肌身離さず〈鏡〉を持ち歩いていた。

十代後半のお年頃だったが故に、身だしなみやお洒落に余念がなかったからではない。

身に着けていたのは、彼女にとって特別な鏡であったのだ。

事の発端は高校卒業後に免許を取得したヤスコさんが、運転中に巻き込まれた自動車事故だった。

相手方との示談交渉が難航したため、ヤスコさんの御両親は、敏腕と評判の、親戚の弁護士に依頼することにした。すると、足踏み状態だった話し合いはすぐさま解決し、瞬く間に示談が成立した。

母方の縁戚であった担当弁護士は、案件によっては親交の深い占い師と組んで対応しており、今回の早期解決はその占い師による力が大きかったのだと、事後ヤスコさんは母親から打ち明けられた。

占い師Aは、元々はヤスコさんの母方の祖父の旧知の人物であった。

事業家だった祖父は、中国で占術の修行をしていたAと知り合い、帰国後にはAを顧問占い師として長年懇意にしていたが、ヤスコさん自身はそれまで一切付き合いはなかった。示談成立後、「是非一度お会いしたい」と、Aのほうからお呼びが掛かった。お礼も兼ねて「喜んで」と招待を受けたが、会食の場でAは開口一番、

「やっと繋がれた」

と、初対面の挨拶にしてはおかしなことを口にした。

「ずっと会いたかった」

友人の孫娘であるヤスコさんと一度も面識がなかったにも拘らず、ヤスコさんこそが占い師の自分の跡を継ぐ能力者だと直感していたのだと、高揚した様子でAは続ける。

Aは政界や財界、角界などに多くの顧客を持つ大変優れた占者であり、そんなAから後継者として指名されるとは実に光栄ではないかと、周囲から説得されたヤスコさんは、好奇心も手伝ってAの元で占術の勉強を始めることを決めた。

その際に、最初にAから手渡されたのが一枚の鏡だった。

直径十センチにも満たない円形のそれは、銅板を磨いて作られたものであり、裏面に刻まれた円状の模様も含め、博物館などで展示されている〈銅鏡〉を連想させた。

その鏡を入浴時以外、おへその下部分、所謂丹田の位置に合わせるように腹巻きの中に吊るして、終始身に着けるようにと指導を受けた。鏡の力で振りかかる邪気を跳ね返し、

霊力を吸収し自己の能力を高めていくのだと。

力の高まり具合は自身で判断できなかったが、鏡を持ち歩き始めてから、ヤスコさんは外出時に時折他者からの鋭い視線を感じるようになった。

「鏡を所持したことによって増強した君の力に気付き、恐れを抱く者達の視線だ。彼らは君の素性や考えを読み取ってこようとするだろうが、鏡を身に着けている限り、君は『空《くう》』の状態でいられるから、それを防ぐことができる」

相談したAからはそう説明を受けたが、視線のみならず、怪しげな風貌の男や女に後を付けられることも度々あり、見も知らぬ男から、

「貴女は何処に所属されている方ですか？　それは何処で手に入れたものですか？」

と、服の下に忍ばせていて、外からは見えるはずのない鏡を指さされたこともあった。

見えない力が自分の周りで渦巻いているような感覚が、息苦しさから次第に畏れに変わり、ヤスコさんは、

「もうこれ以上、持っていたくない」

と、師匠であるAに鏡を返却する決意をした。勿論、跡取りになるという話も解消し、占者になる修行も取り止めたいとも告げた。だがAからは、

「これはもう既に決まった運命だから」

と、ヤスコさんの申し出も鏡の返却も、あっさり拒否されてしまった。

「Aにはあまり深入りしないほうがいい」

そんな忠告をしてきたのは、当初Aをヤスコさんに引き合わせた親戚の弁護士だった。

近頃のAは、自身の能力に慢心し見境のない行動を取り始めている。高額な依頼金で請け負う〈呪い〉に近い行為もエスカレートしており、非常に危険な人物である。早めに関係を断つべきだと弁護士が提案した対策法は、より強い力を持つ占い師に依頼をすることだった。

新たに紹介された占い師にも、「事態は深刻である」と告げられた。

「Aはヤスコさんに異様に固執している。ただ会うことをやめたり、鏡を捨てたりだけで済む問題ではない」

根本から縁を切るために、ヤスコさんは新しい占い師から指示された通り、二十一日間写経をし、お百度を踏み、教わった呪文を銅板に書き込み続けた。そして全てを達成した後に、これも占い師の指定に則り、鏡を横須賀の地から東京湾の海へと流した。

この行為が成果を齎《もたら》したのかそれとも単なる偶然か、その後すぐにAは心臓発作で倒れ、帰らぬ人となった。

生前自分自身で、これまでの行いを振り返り、

「畳の上では死ねないだろうね」

と、発言していた通りの最期であったという。

海に流した鏡は、いつか何処かに流れ着くか、誰かが釣り上げるかもしれない。

取り扱いには、十分に注意して頂きたいとのことである。

つけてくる石

「いつも両手を、割烹着のポケットに突っ込んでいる人だったの」

道代さんの、既に鬼籍に入られたお姑さんの話だ。

「態度の悪い人だな」

お姑さんに対して、そんな第一印象を抱いてしまった道代さんだったが、その理由が両手のひらに酷い火傷の痕があるからだと知り、単純な己の思考を反省したという。

二十年以上前に負った火傷であるが、夏場の蒸した日、冬場の乾燥した日には、未だに疼《うず》く。そして何より、

「気持ち悪いでしょう。だから見られたくないの」

そんな所以《ゆえん》で、お姑さんは頑なに両手を隠し続けていた。

とはいえ、手を使わねば生活できない。

帰省の際、ちらりと見えたお姑さんの手は、確かに手のひらと指の部分に赤みと肌の引き攣《つ》れがあった。

道代さんの御主人も、「母親の火傷は自分が赤ん坊の頃の事故であり、詳しいことは知

らない」と言うので、嫁である自分が深く事情を訊ねるのもはばかられた。何よりお姑さん本人が傷跡を隠したがっているのに、しつこく追求するのもデリカシーのない話だ。

結局、お姑さんがどんな状況で火傷を負ったのかは知らぬまま月日は流れ……。

飛行機の移動が必要な距離に離れて住んでいたため、両手で数えるほどしか会う機会のないまま、お姑さんは心臓の病で急逝してしまった。

それは、三回忌の法要を終えた際のこと。

「あいつの火傷、あれは漬物石の仕業なんだよ」

独り暮らしとなった古い日本家屋の仏間で、まだ新しい遺影を見上げながら、お舅さんが唐突に、お姑さんの火傷の理由を語りだした。

お姑さんがお見合い結婚で嫁いだ当時、家を仕切っていたのは、お舅さんの母親である大姑さんであった。

嫁姑の仲はさほど悪くないと、お舅さんは認識していたのだが、大姑さんが九十歳を超えて大往生した後、奇妙な事象が起きた。

「おふくろの古漬け、どうなっている?」

お勝手口の土間には大姑さん愛用の漬物樽が、重し用の石が置かれた状態で残されていた。

樽の中には、大姑さんお手製の白菜の古漬けが漬かっている。

生前その樽には誰にも手を触れさせずにいた、御自慢の一品であった。このまま放置して腐らせてしまうのは勿体ないと、お姑さんは古漬けを取り出すため漬物石をどかそうとした。ところが――。

どういうことか、石が重くてびくともせず動かすことができないと、お姑さんが訴える。九十を過ぎた大姑が持ち上げていた漬物石がそんなに重い訳があるかと、お舅さんが試してみると、あっさり石は持ち上がり、大姑さんの古漬けは無事食卓に並べられた。

翌日の夕食時、

「古漬けを出してくれ」

再びお舅さんがお姑さんに申し付けた。すると、

「あぁぁっ」

勝手口から、悲痛なお姑さんの声が聞こえてきた。

「どうした？」

お舅さんが駆けつけると、漬物樽の前で、お姑さんが両手を胸に抱いて蹲《うずくま》っている。

「石が……石が熱くて」

勝手口に漂う焦げ臭い匂いに、お舅さんは慌てて「見せてみろ」と、お姑さんの手を取った。

お姑さんの両手のひらと指先は、見るも無惨に赤く爛《ただ》れ、皮が剥けるほどの火傷を負っている。

お舅さんが漬物石に恐る恐る触れてみると、それは昨日と変わらない何の変哲もない、冷たくひんやりとした、ただの石の表面でしかなかった。

一体何が起きたというのか。

「きっとお義母さんは、私が漬物に触るのがイヤなのよ」

そう言って、よよと泣き崩れるお姑さんに、掛ける言葉が見つからなかったと、お舅さんは当時を振り返る。

死んだ母親より、大切なのは今の連れ合いだ。

そう考えたお舅さんは漬物樽は漬物ごと廃棄し、元凶と思われた漬物石は近くの河原までわざわざ捨てに行ったそうだ。

だが、

「あの石、いつの間にか戻ってきちまったんだよなぁ」

お舅さんの視線が、庭の隅へと向けられた。

まだそこに、石は残されたままなのか？

好奇心に駆られ、義実家を辞去する前に、道代さんは石を捜してみようと思い立った。

縁側から庭へ降りるため、沓脱《くつぬ》ぎ石に足を置いたところ――。

着ていたシャツの背中を、後ろからくいっと引っ張られた。

夫か？　義父か？

家の中にはこの二人しかいない。しかし、道代さんが振り返ってみてもそこには誰の姿もなかった。

今しがた火を灯した仏壇の、お線香の匂いだけが座敷を満たしていたという。

喰い屏風

米田さんの叔父が亡くなったのは、今から約十年前のこと。

「うちの本家は寺なんだ。三兄弟のうち父も叔父も長男じゃないから、継がなかったけど」

孤独死だった。

結婚は一度もしておらず、六畳一間のアパートで、ひっそり事切れていた。

遺体の第一発見者は、市役所職員だった。

親戚中から疎まれ、まともに働きもしないから友人もいない。生活保護を長年受けていて、寂しい晩年であったという。

叔父が嫌われていた理由は、異常なほどの食欲だと、米田さんは自身の父親から聞いたことがある。それも生まれつきではなく、ある日突然人が変わったように食べ物を欲するようになったとのこと。

食事中、十分すぎる量を与えても足りないと言い、人の分まであらかた食べてしまう。夜中に冷蔵庫や食糧庫を漁り、むさぼり尽くす。苦肉の策で鍵を付けても、いつの間にかこじ開けてしまい、中身が空っぽになることもしばしばあった。

加えて、食べ物を与えないと、手が付けられないほど暴れだした。食い荒らされてまともな食料がないときは、仕方なく叔父にこづかいを渡し、買いにいかせることもよくあったそうだ。

「叔父は学校でもこんな調子だったから、祖母は頻繁に呼び出されたらしい。住職だった祖父も、頭を抱えていただろうね」

いつしか叔父は周囲から浮く存在となり、学校に行かなくなった。ほぼほぼ家に引きこもるようになり、寺としての面目も保てず家庭内は荒れていった。

未成年の内は叔父を野放しにしておくこともできず、外向きには二十歳を過ぎて独り立ちをさせるという名目で、家から追い出したとのことだった。その際、叔父には二度と家の敷居を跨ぐな、とも言い渡した。所謂、体のいい勘当だ。

米田さんは生前の叔父とは二度しか会ったことがない。一度目は彼が幼少の頃と言うから、全く憶えていないそうだ。だから、二度目に会ったときの衝撃は、今でも忘れられないという。

彼が大学生になった頃の話だ。

ある日、彼を含む親戚一同が集まり、本家の大広間に御馳走を並べ宴会をしていた。

無論、叔父はその場にはいない。酒も入り、わいわいと賑やかな宴であったという。酔って歌いだす者、それを見て笑っている者、仕事の愚痴を延々と吐く者。アルコールが程よく回り、宴もたけなわといったときに、それは起こった。

叔父が乱入してきたのだ。

襖を蹴り破るように入ってきた叔父は、ざんばら髪に無精髭を生やし、ボロを纏っていた。

初め、米田さんは叔父だと分からなかったらしい。いきなり不審者が入ってきたのかと、驚愕した。そのとき、親戚の一人が小声で叔父の名前を呼び、漸く理解したという。

皆、あまりの驚きに動けない中、叔父は瞬く間にテーブルの上に乗り、手づかみで料理をむさぼり喰っていった。

「おい、お前何やってんだ！」

「誰だ、こいつを呼んだ奴は！」

怒号が響く中、叔父は「俺を除《の》け者にした罰だ」と、ニタリと笑った。

宴の料理は食い散らかされ、散々なものになった。猿のように素早く動く叔父を、親戚達は何とか捕まえようとしたが、最終的には逃げられてしまったそうだ。

「逃げてる最中も、獣のように食べ物を咥えていて。そこまで行くと、あっぱれといった感じだったなあ。ただ、あのときの叔父は、寂しかったんだと思う。邪魔者扱いされて。まあ、やったことはヤバいけど、問題なのは異常な食欲だけなんじゃないかって、あの頃はそう考えてしまって」

叔父が、あの日あった親戚の集まりを、何故知っていたのかは分からない。

ただ、当時まだ若く正義感に溢れていた米田さんは、深く叔父に同情した。

叔父も身内の一人だ。それも父の弟という近しい間柄。自分と血の繋がりのある者が、一人寂しく放置されていると思うと、米田さんの心はどんよりと曇ってしまったという。

次の日、気になった彼は両親に叔父のことを訊いてみた。

「なあ、何で叔父さんを病院に入れたりしないの」

家での夕飯時、それまで黙々と箸を動かしていた両親の動きが止まった。

「食欲だけが問題なんでしょ。酷い過食症なのかもしれないし。どうして皆、放っておくの」黙ったまま顔を見合わせる両親に、更に畳みかけてみる。

「……病院は何度か連れていったって聞いたわ。でも――」そう母親が言いかけた途端、父がそれを手で制した。

「病院に行っても、いざ入院となると逃げてしまうんだ。家を出て居場所も分からなくなる。暫くするとひょいと帰ってくるが、帰ってきても同じことの繰り返しでな……皆、疲れてしまったんだよ」

「それでも家族だったら、諦めないのが普通でしょ」

「……まあ、そう単純なものじゃないんだ」

溜め息交じりに父親は教えてくれたが、米田さんは納得できずにいた。

だが、叔父の住んでいるところも分からず、ましてや一介の大学生が解決できる問題でもない。バイトにサークル、就職活動に卒論と慌ただしく毎日を過ごしている内に、彼も徐々に叔父のことを忘れていったという。


その叔父が死んだ。まだ寒さが身に染みる二月のことだった。

警察から戻ってきた遺体は腐乱しているからか、棺を開けられることもなく、すぐに火葬された。

急だったこともあり、火葬式に集まった親類は、米田さんを入れて六人だけ。

「僕の両親と祖母、寺を継いだ伯父夫婦。勿論、お経を上げたのは住職の伯父だった」

ひっそりと式を終え、寺の敷地内にある本家に戻ると、既に日はとっぷりと暮れている。

急ごしらえの後祭壇に骨壺を安置すると、その場ですぐに家族会議が始まった。

「もう遅いから、納骨は明日だなあ」

「今晩は順番に、寝ずの番をするしかないか」

伯父と父親の会話を聞き、米田さんは戸惑いを感じた。

「ちょっと待って、四十九日を待たないで納骨するの？　それに寝ずの番って……」

一般的に寝ずの番は、通夜の後にするものだ。彼が生まれ育ったこの地域も、火葬した後に寝ずの番をするという風習はなかった。

彼が疑問を口にすると、皆一様に顔を合わせ、黙ってしまった。

「……何か、言えないことでもあるの」

「いや、そうじゃない……ただ、あいつのためにも、何かしてあげたいと思ってな。せめて今日ぐらいは、線香の火を絶やしたくないんだ」

鼻つまみ者であると邪険にしていたけれど、やはり血を分けた兄弟である。

納骨に関しては、何か事情があるのだろう。

伯父のこの返答を聞いた彼は納得し、皆から反対されたが寝ずの番を自分一人ですると、無理矢理買って出たそうだ。

「あのときは、一番歳の若い僕が一人でやったほうがいいと思ったんだ……みんなしきりに反対してたけど、その意味を分かっていなかった。引き受けた後、『絶対寝るなよ』って、伯父から言われてたことを守れば良かったんだけど……」

全員が寝静まった後も、米田さんは一人仏間に残っていた。

スマホを見ながら時間を潰していたが、それにも飽きてしまった。更に、日頃激務な仕事に就いていた彼は、疲れも出てしまったのか、つい、沈み込むように微睡《まどろ》みの中に落ちたという。時間にして僅か数分ほどだったと思う。ガチャッと陶器が何かにぶつかるような音がした。

寝ぼけ眼を擦りながら顔を上げると、先ほどまで点いていた部屋の明かりが消えていた。いつ消えたのか。停電か――。

蝋燭《ろうそく》と線香の明かりだけが灯る、仄暗い部屋。目を凝らしてみると、後祭壇の前に人影のようなモノが見えた。

「あ」

月代《さかやき》のように禿げた頭頂部、その脇に映える長い髪。手足はガリガリに痩せている割に、腹は異様に膨らんでいる。

その奇怪なモノが、骨壺を掴んでいた。蓋を開け、長い舌を出し、骨壺の中身をぺちゃぺちゃと舐めている――。

「そのとき、あの場で自分がどういう行動を取ったのか、憶えてなくて」

腰を抜かし悲鳴を上げたのか、声も出ずに逃げ出したのか、全く記憶にない。

気が付けば両親が寝ている部屋にいて、大声で二人を起こしていた。

「それからみんなが起きてきて、一緒に仏間に戻って」

仏間に着くと蝋燭と線香の火は消えていたが、部屋の明かりは点いていた。畳の上には、蓋が開いたままの骨壺が転がっているだけであった。

遺灰は、ほんの僅かしか残っていない。

部屋で呆然とその光景を見ていた米田さんは、はたと気付いたという。

「もしかして……アレが出ないように寝ずの番をしようとしたのか」

皆の顔を見ると、諦めたかのように祖母が口を開いた。

「あの子はね、恐らく祟りにあったのよ。餓鬼の祟りに……」

祖母の話によると約五十年前、寺には餓鬼の絵が描かれた屏風があったのだという。

その屏風の絵は、ある檀家――日本画の絵師が死の直前に完成させたものだそうだ。

癌を患った絵師は医師からの告知後、何かに取り憑かれたかのように餓鬼の絵を、昼夜問わず何度も何度も描き直した。

しかも屏風画を手掛けたことがなく、一から勉強し直し、医師の反対を押し切りながら、血を吐いても描くことを止めなかったそうである。

絵師が亡くなったのち、その屏風に命を懸けていたことを知っていた奥方が、寺に寄贈したものであった。

「うちでは大切に保管していたのよ。でもある日、虫干しに出すために業者に頼もうとしたの。それで、業者が来るまで部屋に出しておいたら――」

運が悪いことに、当時まだ小学生であった米田さんの父親と叔父が、兄弟喧嘩を始めてしまった。やんちゃで手が付けられなかった叔父は、父に向かい屏風を蹴り飛ばし、絵に穴を開けてしまったのだという。

「私も目を離したのがいけなかった……そのことがあって以来、あの子はおかしくなってしまったの」

叔父の異常食欲は、そこから始まった。もしやと思い寺で何度もお祓いもし、屏風も懇《ねんご》ろに供養したが、結果は変わらなかった。

「病気も疑って、病院に連れていったけど駄目でね……」

祖母は絵師の奥方に、あの屏風について詳しく訊こうとしたが、奥方も前述したこと以上のことは知らなかった。

何故、絵師が病の苦しみに耐えながらも餓鬼の絵を描いたのか、加えて何故、屏風画なのか、理由は未だに分かっていない。

「でも、それでも納得がいかないことがあって。祟りだとしても、どうして死に際に餓鬼が出てくることが予想できたのかなと、それが不思議で」

米田さんがその場で祖母に訊いたところ、こう返されたという。

曰く、遺体確認をしたところ、叔父の身体は餓鬼のように手足が細く、腹が異常に膨れていたとのことだった。

「祖母と伯父は遺体を見て、何かあるかもしれないと直感したそうです。まさか、餓鬼が出て叔父の遺灰を食べるとは思わなかったって、言ってましたけど」

祖母は最期まで「あの子には、辛い思いをさせた」と、悔いていたそうだ。

秦先生と黒電話

関東北部にある大きな整形外科で、看護師長として働く辻崎さんが、つい最近体験した出来事を教えてもらった。

ある夜、辻崎さんは会議室で書類仕事のために一人、残業をしていた。

猛暑の続く日々だったが、会議室はクーラーが効いていて快適だった。

そして夜の九時近くになったときに突然、廊下のほうから、

――じりりりり～ん、じりりりり～ん、じりりりり～ん。

という、鈴が連続で激しく鳴るような音が響いてきた。

「随分と久しぶりに聞くわね、この呼び出し音」

それは辻崎さんが子供だったとき、彼女の実家に置いてあったダイヤル式の黒い固定電話の、懐かしい呼び出し音だった。

アプリで、スマホの呼び出し音をわざとこれにしている人もいるようだが、最近はあまり聞かない音だ。

「昔はどの家にもあった固定電話……黒電話は大体この呼び出し音だったわね。それにし

ても、何処から聞こえてくるのかしら？」

気になった辻崎さんは席から立ち上がると、会議室のドアを開けて呼び出し音の聞こえてくる廊下に出た。

じりりりり〜ん、じりりりり〜ん、じりりりり〜ん
呼び出し音は、会議室のすぐ左隣にある倉庫室から響いてくる。

「誰かいるの？」

辻崎さんが、倉庫室のドアを開けて中を見ると電気が点いていた。

そして辻崎さんに背を向けて、白衣を着た一人の男性が立っている。

「あっ、秦先生？　まだ残っていらしたのですか」

倉庫室に立っていたのは、七十歳を超えたベテランの整形外科医で副院長の秦先生だった。

辻崎さんは顔こそ見えないものの、ぽっちゃりとした丸い体型に天辺の禿げた頭、そして不自由な足腰を補助するために持っている片手杖のおかげで、背中を見せて倉庫内に立つその男性が、秦先生だと一目で分かった。

じりりりり〜ん、じりりりり〜ん、じりりりり〜ん。

　倉庫室内の奥の棚には、他の道具に混じって一台の黒電話が置かれていた。

そして呼び出し音は、確かにそれから発せられていた。

背中を向けたままの秦先生は、持っていた杖を手から放すと、いきなり黒電話に向かって勢いよく前進した。まるで電話に飛び掛かるような格好で。

「先生、杖！　持たないと危ないですよ」

辻崎さんが言うか言わない内に、バランスを失った秦先生はその場から前方に音を立てて派手に転倒した。

辻崎さんは慌ててうつ伏せに倒れた先生に駆け寄るが、次の瞬間、足腰の弱ったベテラン医師は倉庫室の床からスッと消えてしまった。

同時に黒電話は、呼び出し音を発するのを止めた。

辻崎さんが調べると、黒電話は回線も電源も繋がっていなかった。

「疲れている。私は疲れているだけ」

辻崎さんは今にも爆発しそうな恐怖心を、長年の看護師生活で培った胆力と冷静さで無理矢理押さえつけた。


辻崎さんが家に帰ったときは、午前零時をとっくに過ぎていた。

そんな時間にも拘らず、彼女のスマホに電話が掛かってきた。

相手は秦先生の奥さんだった。

秦先生の奥さんも以前は看護師で、辻崎さんの先輩に当たる人だった。

奥さんの話によると、秦先生が少し前に自宅で転倒し、そのまま頭を強く打ったのが原因で亡くなったという報告だった。

今現在奥さんは搬送先の病院におり、家族や親族に連絡を終え、次は後輩であり友人でもある辻崎さんに電話をしてきたというのだ。

「親しいあなただから言うけど、死ぬ前に夫の様子がとても変だった」

電話越しの奥さんは泣き声交じりで言う。

奥さんの話してくれた内容はこうだ。

数時間前、居間でテレビを見ていた秦先生は突然、「電話だ、黒電話が鳴っている。じりりりり～んと。お前も聞こえるだろう？」と辺りを見回しながら奥さんに向かって言った。

唐突にそんなことを言い出した夫に驚いた奥さんだったが、彼女にはテレビからの音だけで、電話の呼び出し音など聞こえない。

そうこうする内に、秦先生はソファーから立ち上がって杖も持たず、家中に設置された手摺りにも掴まらず、彼だけに聞こえる電話の呼び出し音を求めて、大きくふらつきながら廊下に飛び出した。

因みに秦先生の家に固定電話はあったそうだが、それは黒電話などではなく、比較的新しいプッシュ式の物だったそうだ。

「あなた、どうしたのよ⁉　電話の音なんて私には聞こえないわよ。それにそんなに急いで歩いたら危ないわ」

奥さんの警告も空しく、足腰の弱った先生は廊下で転倒し、壁に頭を強く打ち付けてそのまま帰らぬ人となった。

転倒する直前、奥さんは、「そこにあったのか‼」と秦先生が嬉しそうに叫ぶのを聞いたそうだ。

「何があったのか、私には分からなかったけれども。勿論、黒電話の呼び出し音なんかも聞こえなかったわ。経験上、認知症からくる幻視や幻聴のように感じたけど、あんなに突然発症するのは見たことがないし……」

奥さんは、自身を責めるような口調で辻崎さんに言ったという。

辻崎さんは奥さんの話を聞いた後、スマホを握ったまま暫し言葉を失った。

そして、奥さんにお悔やみの言葉を言い、朝になったら改めて今後のことを話し合う約束をすると電話を切った。

辻崎さんは秦先生の突然の訃報に驚き、同時に頭の中に混乱が渦巻いた。

奥さんの話が正確なら、秦先生が自宅で亡くなった時刻と、辻崎さんが倉庫で体験した出来事の時刻はほぼ一致していた。

しかし、そんなことは今の状況で奥さんに話すことではないと強く思った。

秦先生の葬儀が終わった後、辻崎さんは古参の事務スタッフに、倉庫に置いてあった黒電話のことを訊いてみた。

するとあれはかなり前、秦先生が使っていた電話だということが分かった。

だが黒電話自体、特に変わった所やエピソード等はなく、ただ時代の流れで新しい電話と交換され、捨てられずに倉庫に残っていただけのようだった。

その後結局、辻崎さんは秦先生が亡くなった夜、倉庫で彼らしき男性を見たことを奥さんには話さなかったそうだ。

秦先生の黒電話は今でも倉庫内に置いてあるそうだが、今のところ呼び出し音を発することはなく沈黙しているらしい。

「色々とモヤモヤするけど、真相は秦先生しか知らないのでしょうね」

辻崎さんはそう言って、話を終えた。

あの日の声

佐藤君は代々医者の家系で、欲しい物は大体買ってもらえる裕福な育ちだった。幼稚園に通っていた頃、新しい玩具が大半揃っている佐藤家は友人達から人気があった。といっても、市場に出回っている流行りの玩具より、魅力的なものを佐藤君は持っていた。

誰かが家に遊びに来た折に佐藤君が必ずするお気に入りの遊び……それは本物の道具を使ったお医者さんごっこだった。

息子に早くから「家業」に慣れてもらえたらと思う両親が、子供が使っても安全な医療器具を与えていたのである。そういうわけで、子供部屋には本物の注射器、血圧測定器、聴診器などがあり、さらには子供用の白衣までがずらりと並んでいた。

両親の願いもさることながら、佐藤君自身も幼いながらに医者という仕事に誇りと喜びを少なからず見出していた。

「わあ、病院みたい！　ぼくの心臓の音聞いてよ！」

訪ねてきた友人達も本物の医療器具に興味津々である。

その日は、田中君が遊びに来た。

ミニカーを競わせ、母の用意したおやつを食べた後、二人はお決まりのお医者さんごっこに興じることにした。

「ちょっと熱があるみたいで」

「では、そこに横になってください」

佐藤君はクリーム色のカーペットに田中君を横たわらせて、いつものように聴診器で胸の音を聞いた。

「あれ……？」

聴診器から聞こえるはずの心音が全く聞こえず、代わりに女の子の微かな声がイヤーチップから漏れている。不明瞭だが、何かを歌っているようにも聞こえた。

心地の良い声だった。佐藤君はその声と温かい音階に瞬時に魅せられ、暫く聴き入っていたが、「いや、声がするわけがない」と我に返った。

「田中君、ちょっと待ってて」

急いでキッチンにいる母の元へ駆け寄り、「聴診器から声がする」と教えた。

「お母さんも聞いてみて！」

母は微笑みながらイヤーチップを耳に差し込み、「んん、お母さんには聞こえないかな」とまた笑った。佐藤君も改めて聴診器を確認したが、結局は衣擦れの音やどこの何かも分からぬ雑音が耳に入るばかりだった。

「お前、聴診器から声がするって騒いでたよな」

後に医学部に進学した佐藤君は、地元の飲み会の場で田中君と再会した。

「女の子の声とか言ってたよな？」

朧げな記憶を手繰り寄せて「確か女の子の声だった」と頷くと、田中君は少し悲しそうに話し出した。

「今は目立たなくなったけど、昔は左脇腹に生々しい傷痕があってさ。母さんは生まれたばかりの頃に内臓手術をしたからだって言ってたんだけど、最近になって『実は寄生性双生児で双子の妹がいた』って聞かされてさ。……俺の脇腹に妹がくっついてたんだよ。死産だったみたいでさ」

佐藤君はその言葉を聞いて、あの日の清らかな歌声をはっきりと思い出した。

「田中、そんなに悲しむなって」

「え？」

「だって妹さん、歌ってたから」

チューさんの鳥籠

昔、チューさんという綽名《あだな》で周囲の仲間から呼ばれた男性がいた。

家を持たない生き方の人であった。

彼の商売道具は、一つの錆びた鳥籠。

この籠を片手に、街を渉猟《しょうりょう》する。

そして、ちょっと毛並みの良い首輪付きの猫を見つけるや否や、彼は即座にハンターへと変身した。

地の果てまでも、と言わんばかりの執念と勢いで猫を追い詰め、捕獲し、狭い鳥籠の中へ容赦なく押し込む。

後は、街角のいつもの場所、彼のテリトリーに腰を下ろし、ＳＯＳの鳴き声を発する猫を閉じ込めた鳥籠に『五千円』の値札を貼り付けるのだ。

お客は飼い主から依頼を受けた探偵が殆どだったが、時に飼い主本人の場合もあった。

その際には決まって罵詈雑言《ばりぞうごん》を叩き付けられたが、チューさんは涼しい顔でそれを聞き流した。

猫が売れたときに飲むスコッチウイスキーだけが、人生の楽しみだったという。


そんなチューさんは、ある年の師走の頃に亡くなった。

寝床にしていた、公園の粗末なテントの中で。

現場を軽く検分した警察によれば、「凍死」とのことだった。確かに寒さの厳しい時節ではあったが、当時の仲間は「腑《ふ》に落ちない」と語っていた。

というのも、チューさんは長年愛用していた鳥籠へ、土下座をするような形で絶命していたらしいのだ。

そしてもっと奇妙なことに、その手からは十本の指全てがなくなっていた。

口元に血液が大量に付着していたので、自ら噛み千切ったらしいと推測された。

その指は、鳥籠の中に入れられていた。

警察側は、「事件性なし」と判断した。

チューさんの遺体は行政によって火葬され、無縁仏として葬られた。

彼の死に顔を見た仲間の一人は言う。

「猫から引っ掻かれたと思しき裂傷だらけだった。痛々しいくらいだった」

彼の生業から考えると、そんな生傷は当たり前だったんじゃないか？　と思えるが、

「違うよ。チューさんが追い詰めた猫を捕まえる手並みは、そりゃあ見事なモンだった。あんな無様な傷なんか負わないよ。それで生きてたんだから、当たり前の話だけれど」

――そんなチューさんを傷だらけにした猫なんて、どんな猛者なのかね。

――本当に猫だったのかね。

チューさんを知る仲間は、彼と同じ稼ぎをすることを今も忌んでいる。

山菜採り

安藤さんは春先になると、山菜を採りに付近の山へ出かける。

どの山のどの辺に行けば何が採れるのかは、先祖代々受け継がれてきた。

「最近はね、不慣れな人も結構山に入ってくる。で、山菜採りに夢中になっている内に方向を見失い、遭難する人が結構いるんだわ」

彼に言わせると、こういう人々は非常に迷惑だという。

まず、山菜を根こそぎ採っていく行動。

そうすることで、翌年以降、その場所からは目当ての山菜が完全に消え失せてしまうらしい。

次に、斜面での山菜採りに慣れていないのに、自分は大丈夫と思い込み、急斜面でも登っていく人。

大抵は足を滑らせ、滑落する。

安藤さんの目の前に落ちてきた人もいて、タイミングが悪ければ大怪我を負う可能性もあった。

「大体が山菜を入れる袋や籠だけを用意して、草を掻き分けて進むからそういうことになるんですよ」

　安藤さんは小さめの鉈《なた》を腰に携帯している。

　笹薮や小枝などは鉈で払いながら進むので、足場の状態を常に確認しながら前に進むことができる。

　必要以上に草木を荒らすことはないが、彼の通ったルートは細い獣道みたいになるので、帰宅の際の目印にもなるという訳だ。

「まあ、慣れない人が鉈を振り回すのも危ないですし、適当な大きさっていうのも人それぞれですからねぇ」

　彼が使用している鉈は、代々受け継がれてきた代物である。

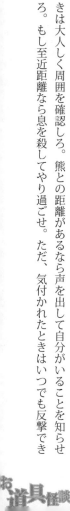

　当然、定期的に手入れは必要だが、最近の軽量の鉈を使わずに愛用するのには訳がある。
「信じられないかもしれませんが、音がなるんですよ」
　高齢により山菜採りを引退した父親から譲り受けるときに聞かされた話だ。
『熊が近くにいるときは、鉈が震えてキーンという耳鳴りのような音がする。そういうときは大人しく周囲を確認しろ。熊との距離があるなら声を出して自分がいることを知らせろ。もし至近距離なら息を殺してやり過ごせ。ただ、気付かれたときはいつでも反撃できるように、銃は身構えておけ』

実際に安藤さんはその音を聞いたことが何度かある。

「銃の震えは携帯のバイブレーションより細かい感じの振動で、例の音の大きさは耳の近くを蚊が飛んでいるような感じです。まあ、蚊よりは高い金属音ですが」

父親の教えに従い、周囲を窺うと視認できる場所に羆《ひぐま》がいた。

これまでに遭遇したのはどれも一頭で移動していた。

「子連れはヤバいんですよ。子を守ろうとする本能が働くので、結構な距離があっても突進してきますから。自分はラッキーなんですよ」

これも山菜採りには必要な要素だと安藤さんは言う。

「で、まあ、これも不思議な話ではあるんですが、父親には聞かされていなかった音というのもありまして……」

ある日の午前中、安藤さんはいつもより一つ先の山の中にいた。

「確かこの辺にわらびがあったはずなんだが……」

目の前には小さな清水が流れ、いつもならその付近にはわらびが生い茂っていた。

もう少し上流だったか、と移動する。

そのとき、腰ベルトに装着していた銃袋が動いた。

自分の身体を叩くように、脈動している。

安藤さんが歩くのをやめても、鉈袋の動きは止まらない。

歩行によるものではないことがはっきりと分かった。

『キュ――――ン』

チューニングを合わせるような機械音の後に、読経の声が聞こえてきた。

その声はどんどんと大きくなり、安藤さんの脳内でハウリングを起こす。

(何？　何だっての、これ？)

動揺している安藤さんの視界が、何故かスーッと一方へ向いた。

そこには赤茶色の骨のような物が見える。

(まさか！)

そこに駆けつけた安藤さんの眼前には、少し肉片の付いた骨が転がっていた。

きつくはないが、腐臭も感じる。

(これ、人の腕？)

周囲を見渡すと、彼方此方の骨とズタボロになった衣類の欠片が地面に点在していた。

「ええ、人間でした。山で行方不明になる人って結構多いんです。遭難して獣に襲われたのか、死後、食い散らかされたのかは分かりませんが……」

遺骸を発見し、動揺しながらも山を下りる途中で、鉈の振動も読経も収まっていることに気付いた。

その足で地元の警察に駆け込み、再度、現場確認に向かうこととなる。

「後日、三年前に行方不明になっていた人だと判明しました」

その連絡を受けた夜、就寝していた安藤さんは突然目が覚める。

視界にはぼんやりと発光した小父《おじ》さんが立っていた。

異常な光景だが、特に恐怖心などは覚えなかったという。

『ありがとう。これで家族の元へ帰れます』

その一言だけを言い残すと、小父さんは姿を消した。

安藤さんは何とも言えない感情に駆られ、暫く涙が止まらなかった。


「その人の骨、全部が見つかった訳じゃないんですよ」

恐らく動物が移動させてしまったのだろう。

何処かに埋められている可能性もある。

「死んで幽霊になったのなら、家族のところにはすぐに行けそうなのに、帰れなかったってことが……。お墓に入るにしても、身体の全てじゃないのなら、何か辛いんじゃないかと思ってしまって……」

その後も安藤さんは山菜採りの名目で、遺骨の発見現場にしばしば出向いている。見つからなかった骨が少しでも見つかれば、という気持ちが足を運ばせているようだ。

「でも、周辺ではもう読経も聞こえないし、鉈も震えないんです。これってやっぱり、骨はその辺にはないということなんでしょうか？　それとも、一部でも家族の元に戻ったので、そういう効果が生まれないってことなんでしょうか？」

残念ながら、その問いには誰も答えられそうにはない。

レストア

　布野さんは四十代の会社員で、勤務先からそう遠くないワンルームのアパートで独り暮らしをしている。

　独身で趣味は釣りと動画鑑賞、しかも道具には金を掛けないタイプであった。

　当然生活費はさほど必要としなかったので、預貯金額はかなりのものであると容易に想像できるが、その額にすら殆ど興味がないというのであるから恐れ入る。

　休日になると天候に恵まれれば近所の湖沼や小河川で釣り糸を垂らし、恵まれなければ部屋に籠もって動画鑑賞三昧を愉しむ。

　動画でとりわけ気に入っている内容は、所謂レストア系動画であった。

　最初は釣り動画ばかり観ていたが、何かのきっかけでふと目に留まったレストア系のものを観て以来、すっかり嵌まってしまった。

　古びたり壊れたりしたモノがほんの一手間で元の姿を取り戻す、といった内容が彼の琴線に触れたらしい。

　とは言っても、動画では誰でも簡単にできそうに思えるが、実際はそう上手くはいかないものである。

晩秋らしく、早朝から爽やかなそよ風が心地良い日であった。

布野さんは自転車を漕いで、とある川の畔《ほとり》で釣りをしていた。

折り畳み椅子に腰かけて、朝っぱらから缶ビールを飲みながら、水面を流れる浮子《うき》をぼんやりと眺めていた。

時折水面から飛び出す小魚に一瞥《いちべつ》をくれながら、束の間の休日を過ごしていたのである。

そのとき。

背後の草叢《くさむら》で、不意に音がした。

まるで中型の動物が草叢を駆け抜けたような、疾走感のある音。

慌てて背後に視線を遣るが、そこには何もいない。

背の高い草叢に異変はなかったし、何かが隠れ潜んでいるような気配も一切感じられない。

布野さんは釣り竿を地べたにそっと置くと、静かに立ち上がった。

気のせいであるならばそれに越したことはないが、何かがいるとしたらその正体を見極めたい。

そう思って草叢に足を踏み入れて悉《つぶさ》に確認したが、それらしきものは何処にも見当たらない。

が、何げなく視線を落とした繁みの奥に、とあるものを見つけた。

手に取って見てみると、すぐにその正体が分かった。

それは、折り畳みナイフであった。

木製の柄は泥を落とせばまだまだ使えそうではあるが、問題は刃がどうなっているのか。

ピボットピンと呼ばれる金属の回転軸はこれでもかとばかりに錆び果てて、文字通り錆色に変色している。

彼は刃の背側の窪みを注意深く指でつまむと、思いっきり力を込めて引っ張った。

しかし錆びた回転軸はほんの少しも動かない。

「こりゃ、ダメだ」

そのまま繁みの中に戻そうと思ったが、ふと思い留まった。

そしてジーンズのポケットにそのまま忍ばせると、その場から離れて釣り場へと戻っていった。

結局小動物は見つからなかったが、もはやどうでも良かった。

日没近くまで釣りをする予定が、急な腹痛に苛まれて、急遽昼前には自宅へと戻っていた。

時折、何の前触れもなしに下腹部に鋭い痛みが走るが、その痛みは断続的なものであった。痛みが来たと思えばすぐに消え去り、数分後にまた繰り返される。

これ以上悪くなったら病院に行かねば、などと大雑把に考えながら、早速拾得物を古新聞の上に置いた。

全長は十センチ程度で、発見した場所から考えて、恐らく釣り用のナイフなのであろう。釣った魚を〆《しめ》る目的か、はたまた釣り糸を切るためなのか。

いずれにせよ、釣り人がうっかり忘れたか、捨てたかに違いない。

「こりゃ、無理だろ」

釣り場で見たよりも更に小汚い、この錆だらけで一見どうにもならなそうなナイフを前にして、彼は思わず口にした。

さて、自分のような素人が動画のように簡単にできるのかどうか。

とりあえず、スプレー式の潤滑剤をたっぷりと吹きかけてみる。

すると予想通り、錆で固着していた回転軸が多少は滑らかになり、漸く刃渡りまで確認できた。

刃渡りはおおよそ八センチ程度で、見事なまでに真っ赤な錆色に変色しているし、腐食でもしたのか刃毀《はこぼ》れも著しい。

しかし、ここからは、動画鑑賞で蓄えていた知識をフル活用していくはずであった。

ところが、何一つとして上手くいかない。

動画ではあんなに簡単に落ちていた錆が、全くと言っていいほど落ちてくれないし、刃を研ぐことすら難しい。

しかもナイフに何らかの作業を施すたびに、下っ腹に刺すような痛みが走る。

こんな状態では、とてもじゃないが集中できない。

「こりゃ、駄目だ」

彼は拾ったナイフのレストアをあっさりと諦めると、アパート裏を流れている小川に投げ捨ててしまった。


それから数日経過して、あのナイフのことなどすっかり頭の中から消えていたある日のこと。

会社から帰宅して、いつもの通り部屋で動画を見ながら酒を飲んでいた。

あの出来事が関係したのかもしれないが、最近はレストア系動画には飽きてしまったのか殆ど見なくなり、旅行系ばかりを好んで見るようになっていた。

数本目の動画が終わり、画面が真っ暗になる。

暫く無音になった、そのとき。

んぐっ　んぐっ　んぐっ　んぐっ。

くぐもった短声が、何処からともなく聞こえてくる。

訝しんでいると、いつの間にやら目の前に灰色の靄《もや》のようなものが現れていた。

それとともに、下腹部に猛烈な痛みが走った。

今まで散々味わったような、鋭い痛み、なんて代物ではない。

それを遙かに凌駕した、鋭く、重く、そして死を感じさせるような、激痛。

思わず呼吸が止まったかと思うと、今度は鋭く冷たい何かが、強引に腸《はらわた》に侵入してくる感覚を覚えた。

生暖かいものが腹部から滴り落ち、下半身を覆い尽くしていく不快感に苛まれる。

心臓が暴れ馬のように跳ね回り、ほんの一瞬だけ上がった体温が一気に下がっていく。

その場でしゃがみ込み、必死で短い口呼吸をしながら痛みに耐えていると、いきなり目の前に何かが現れた。

それは、いがぐり頭をした若い男の顔であった。

その目は生気を失っており、真っ白い顔で小さな口を鯉のように開けながら、奇妙な嗚咽《おえつ》のようなものを漏らしていた。

んぐっ　んぐっ　んぐっ　んぐっ。

顔面を小刻みに動かしながら、何度も何度も声を漏らし続ける。

虫歯の腐ったような口臭を感じたそのとき、布野さんはその場で気を失ってしまった。


「やっぱり、あのナイフしかないと思うんですよね」

布野さんは心底疲れたような表情をしながら、喉の奥底からそう絞り出した。

「……でも、見つかんないんですよ。何度探しても」

自分や友人のみならず、そこそこの金額を支払って便利屋の手までを借りた。そして幾度となくアパート裏手の川を虱潰《しらみ》しに探したが、例のナイフは未だに見つかっていない。

そこまで探しているということは、ひょっとして。

例の現象はまだ終わっていないのかと訊ねると、彼は力なく頷いた。

「……でも」

有り難いことに、痛みとあの男が現れる頻度は、段々少なくなっているような気がする、と布野さんは言った。

「もしかしたら、このまま耐えていれば、きっとその内……」

でもそれまで俺の身が保たないか、と彼はやや自嘲気味に呟いた。

刃と血

芳根さんは、刃物と血の組み合わせが苦手だ。

幼い頃は問題なかったが、年齢を重ねるにつれ『刃物で切る』『切られる』そして血が出るという場面を見ると、高確率で立ち眩《くら》みを起こす。採血など、血を見るだけなら全く問題ない。

自宅で料理中に、包丁で指を切り動けなくなったことも多々ある。

ドラマや映画など作られたものでも、血の気が引く。想像しただけでも寒気がした。

「刃物で刺すは大丈夫だけど、切るは駄目。いきなり意識を失うということはないですが、気を付けています」

血を見て貧血を起こす人もいる。珍しいことではないと、芳根さん自身もあまり気にしないようにして生きてきた。

三十歳を過ぎてからだと思う。父がこのことに気付いた。

何か言いたいことがあるような素振りはあったが、黙っていた。

そんな父が帰省した際、何かを決心したような顔をして彼女に妙な話をした。

「親父が過去に、切られたことがある」

亡くなった祖父のことだ。

墓の敷地の件で知り合いと揉めた。そのとき、包丁で切られた。軽症で済んだがそれ以来、祖父は口数が減った。傷が治っても、恐怖心が残った。そんな感じだ。

「親父は優しい人だったから、切られても相手をちゃんと許していたと思った」

父はずっとそう信じていたが、違ったような気もすると言った。

問題を起こした家は事件の後、すぐに引っ越している。一家が去ってから、祖父は何かに怯えるようになった。

「刺して死なれたら困るから、切るんだ。なぁ、分かるか？」

父は祖父に訊ねられたことがある。致命傷になれば、刺そうが切ろうが結果は同じだ。

祖父の言っていることが父には理解できず、何も返せなかった。

祖父は寝るときに、枕元に箱を置くようになった。そこに布でくるんだ包丁を入れていた。

祖父が亡くなってから一度だけ、加害者家族の息子が家に来た。

父の幼馴染みだ。

「そいつとは仲が良かったから、あんなことがなければずっと、友達だったかもしれない」

祖父が亡くなったことを知って、やってきたようだ。

父は線香くらいならと家に上げた。

幼馴染みが仏壇の前で手を合わせている。その後ろ姿を見てから、父はお茶を用意しに席を外した。

話し声が聞こえる。直後、大きな音がした。物を叩き付けるような音だ。

父が慌てて仏壇のほうへ戻ると、幼馴染みが畳の上にひっくり返っていた。

「どうした？」

声をかけると、幼馴染は急いで起き上がり頭を何度も下げた。それから玄関に置いた靴を手に持って、逃げるように外に飛び出した。追いかける父のほうを見て奇声に近い声を上げる。

(人のあんな表情、初めて見た)

父は、人は本当に恐ろしいとき、こういう顔をするのかとしみじみ思った。これは追いかけないほうがいいとすぐに引き返した。

玄関先に戻ってきたとき。

玄関扉の内側のガラス部分に、両手と顔をべったり張り付けた祖父の姿が見えた。

父は畑のあるほうへ走ると、他の家族が戻るまで怖くて家に入れなかった。


祖父が亡くなった後、あの包丁は箱ごと行方が分からなくなっている。

父も一時期、刃物で切られて血が出るのを見ると具合が悪くなっていた。

「相手をしてやれば大丈夫だ」

父の言う「相手をする」とは、仏壇に線香を上げて手を合わせてやることだ。


芳根さんは帰省した際、祖父に頼むように手を合わせている。まだ効果は現れない。

それどころかぼんやりしている時間が増えた。

「この間なんて、スライサーでキュウリを切っていたら、自分の指先まで削いでしまいました」

その血を見て動けなくなり、暫く大きなビーズクッションの上で横になった。


——何かが足りない気がする。

「最近は包丁も少し苦手です」

せめて期限が分かれば、気持ち的に楽なんですが——。

芳根さんは困ったような顔をした。

試し彫り

奈々さんが小学生のとき。父親から箱に入った五本セットの彫刻刀を貰った。父も会社の人から譲ってもらったそうだ。

彼女は絵を描くことが得意で、図工の時間はクラスで一番評価が高い。冬休みに木版画の宿題が出されており、それも気合いを入れて取り組んでいた。

貰った彫刻刀は、淡い色の木箱に入っている。それだけで高級感があった。実際に使ってみると、これまで使っていたものより刃の切れ味が良い。

箱の蓋は、被せて閉める。彼女が最初に箱を開けたとき、蓋の内側に傷が付いていることに気付いた。

細い彫ったような線が一本付いている。奈々さんはその傷がとても気になった。

彼女はいつも夕飯の後、炬燵《こたつ》の上に新聞紙を敷きその上で作業をする。

母が草むしりをしている姿を彫っていた。木版画の母は半袖姿で膝を曲げ、片方の手に鎌を持っている。

腕を彫るとき、縦に彫るか、横に彫るかを考えた。

「人の皮膚は横かな」

自分の腕を見ながら確認した。

横に置いてあった箱から、彫刻刀を一本取り出す。彫刻刀の刃を腕に当てると、切れるのか試したくなった。

何故そんなことをしようとしたのか自覚はない。

そのとき、無意識に脇に置いてあった蓋の内側に目がいった。細く彫ったような傷が増えている。自分でやった覚えはない。いつの間にそうなったのかと思った。


奈々さんは毎晩、少しずつ作業する。

蓋を開けるたびに、そこに付けられた傷が気になった。

両親に打ち明けても、自分がやったと勘違いされ、怒られるかもしれない。奈々さんは木の蓋の内側が見えないように気を付けていた。


ある晩、うっかり母親にそれを見られてしまった。

「違う。私じゃないよ」

奈々さんは慌てて説明した。母は怒らなかった。

「奈々はそういうことしないでしょ」

何でこんなに傷だらけになってしまったのか。母も不思議がった。

「何かを数えてるみたいね」

ほら、こことそこも——母は傷を指さしながら言った。言われてみると雑に彫った『正』の字に見えないこともない。

「折角貰ったのにこんなふうになったのを知ったら、お父さんショックを受けるかもしれない」

母は父には黙っていようと言った。


後日、玄関に置いていた水槽の金魚が死んだ。一匹死んだと思ったら、あっという間に金魚は全滅した。

「もう金魚を飼うのはやめよう」

父が水槽を片付けて数日後に、奈々さんが倒れた。

いつものように朝起きると腹の調子が悪い。トイレまで何度か往復した後、椅子に座っていられないほどの倦怠感に襲われた。

布団に入ると、そのまま動けなくなり高熱で寝込んだ。横になっていると、天井が回っていて吐き気がした。

それが三日ほど続いた。


「今度は、飼っていた鳥が二羽同時に死んでしまいました」

鳥籠の中で狂ったように暴れ、鳴く。朝になると下に落ちていた。

母が「何かおかしい」と怖がった。

——もう生き物を、飼うのはやめよう。

それ以来、生き物を飼うことは避けた。

また死んでしまうのではないかと思うと怖かった。

学年が変わってから、また木版画をやる機会があった。

久しぶりに彫刻刀の箱を開けてみると、蓋の裏の傷は綺麗に消えていた。

父に彫刻刀を譲った人は、知り合いから貰ったものを必要ないからと父に渡した。

知り合いも、そのまた知り合いから譲ってもらっていた。

そもそもの彫刻刀の持ち主は、亡くなっている。その家族が捨てるのならと、譲ったものが人から人に流れた。

「亡くなる前にちょっとおかしくなって、自分の腕を切って皮を剥がそうとしたとか。そんな人のものと知ってたら受け取らなかった」

父はそのことを知ると、彫刻刀を奈々さんから取り上げた。そして処分すると言ってどこかに持ち出したが、そうしなかった。

譲ってくれた人に返したと、後になって知った。

捨てるつもりだったのを止めた理由があるようだが、父は何も話さなかった。

彫金

紗和の趣味はハンドクラフトだ。趣味には結構のめり込むほうだと自覚している。

プロのアクセサリー作家である知人、木崎の影響もあったのかもしれない。その木崎を通じて知り合ったのは境田という木崎の作家仲間で、彫金アクセサリーを作っているという。

興味を惹かれて、自己紹介で貰った名刺にあった、ウェブショップのＵＲＬを開く。

そこには繊細な模様を彫り込んだリングやバレッタ等、装身具類が並んでいた。

それから暫くして久しぶりに木崎と会い、その後の境田の思い掛けない近況を知った。

「行方不明？」

「そう、もうかれこれ三カ月くらい経つんじゃないかな」

工房も道具も、作品に至っては作りかけた状態のままで境田は突然姿を消した。

「事件に巻き込まれたんじゃなきゃいいけど」

木崎はそう溜め息を吐く。流石に工房を維持するには家賃が必要なので無理だが、道具や材料、作りかけの作品等々、境田の工房にあったものは丸ごと全部木崎が預かっているらしい。

何とも妙な据わりの悪さを感じながら、木崎とは後日問屋に材料を買いに行くのに同行する約束をしてその日は別れたが、その約束は果たされなかった。

今度は木崎の父が消息不明になったのだ。

「ごめんなさいね、約束してたのに」

「いいえ。お父様、早く見つかると良いですね」

断りの電話に対して気遣う紗和に、木崎は躊躇うように押し黙る。

「それがね」

逡巡した後、口を開いた。

「遺書ではないけれど……妙なメモが見つかって」

「メモ？」

「ええ」

――紙一面に目が描かれていて、何だか気持ち悪くて。

目眩《めまい》が、した。象牙細工のように模様が刻まれている――骨。眼前を掠める光景に血の気が引く思いがする。ああ、駄目だ、これは。

「倉庫」

「え？」

「倉庫に預けて下さい。境田さんの荷物、全て」

「え……」

木崎は呆気に取られ、一瞬言葉に詰まった。

「どうして？」

「いいから。明日——は無理かな。明後日、そちらに会いに行きますから。それまでに必ず、境田さんの荷物を自宅から動かして下さい」

境田に関係するものは全て、だ。いいですか、と強く念を押す。

貸し倉庫とかコンテナなどで構わない。土地の名義が身内のものではない、自分と全く繋がりや関係のない場所に移さなければならない。

二の句が継げないよう矢継ぎ早に指示を出す。

「そんな……」

紗和の有無をも言わさぬ口調に木崎は怯《ひる》んだ。

「何だか怖いわ。紗和ちゃん変よ」

そんなことは十分承知だ。木崎は良くも悪くもこういうことには無縁で一般的な常識人である。こんな不可解なものに対する免疫があろうはずもない。説明してもらってもらえるとは到底思えない。

紗和の祖母はかなり強い力を持つ霊能者だった。その血を紗和は色濃く受け継いでいる。だから祖母の見様見真似だが対処の仕方を知っているし、そういうものが視える。

境田の荷物の中に何か良くないモノがある。それが木崎の父の行方が知れないことに関係している。木崎には到底理解し得ないかもしれないと半ば説明を諦めながら、そう告げて電話を切った。

翌日、明日会いに行く旨を伝えるために連絡するも、木崎の返事はない。

胸騒ぎを覚えてすぐに木崎の家へ向かった。人の気配がない。留守だろうか。足元を這い上ってくるような強い違和感。

おかしい。木崎の工房は自宅の一部を改装したものだ。会社員で言えば、在宅ワークしているのと変わりはない。外出しているのであれば、店舗脇の駐車場に木崎の愛車が置きっ放しになっているはずがない。徒歩で出かけた可能性も否定はできない。だが。

紗和はその場で警察へ連絡した。杞憂であってほしいと願いながら。

結果的に、木崎は一家で失踪した、ということになった。

境田の荷物がどうなったのか、紗和には知る術がない。通報したとはいえ、紗和はあくまで部外者でしかなかった。そうしてその後を知ることもなく、七年が過ぎた。

「そういえば、友達がちょっと前に亡くなったんだけど」

全く別の趣味で知り合った知人と話していたときだ。少し気持ちの悪い話なんだけどね、と前置きして彼女は話し始めた。

「ちょっと不審っていうか、おかしな死に方してて」

「不審？」

「そう」

彼女にしてみればほんの話の繋ぎ、世間話のつもりだったのだろう。

「行方不明になってたんだけどね、山の中で見つかったの」

自分の車を運転してそこまで行って、車中で餓死していたらしい。十分な所持金もあり、空腹なら車で街まで戻れば済むにも拘らず、飢えて死ぬまで車の中に籠もっていた、と。

警察は自殺と判断したようだ。

「亡くなる前に、家族が全員行方が分かんなくなってさ。それを悲観したんじゃないかって」

家族全員、行方不明。その不穏なワードに何かが引っ掛かった。脳裏を掠めたのは木崎のことだ。

「ちょっと待って、その友達って彫金やる人？」

「え、何で分かるの？」

目の前をあの光景が過ぎる。白い骨。象牙細工のように彫られた――模様。

「――もしかして、その人の骨の何処かに彫金、してあった？」

「肋骨に」

司法解剖しなければ分からなかったそこに、模様が彫られていたらしい。外傷は何処にもなかったという。

「その人の仕事道具、何処行った？」

「知らない。身内が処分したんじゃない？」

境田の仕事道具の何が齎したことなのか。そしてそれは今何処にあるのか。真相は未だ知れないままである。

工具セット

那月さんが高校生の頃の話だという。

当時、彼女の周辺の男子は皆オートバイに夢中だった。愛車を自分で整備したり、ウインカーなどの細かいパーツを交換したりと楽しんでいた。

バイクに乗らない那月さんは、皆器用だなぁと感心するばかりだった。

学生だったこともあり、皆で少しずつ買い集めた工具を持ち寄り、何だかんだと自分達で工夫をしながら整備をしているようだった。

ある日のこと、仲間の安西君が、一人で自宅の前に自前の工具を広げて愛車の整備をしていると、止まっていたはずのオートバイのエンジンが突然掛かり、手にしていた工具ごとチェーンに巻き込まれて、指を二本切り落とすという事故が起きた。

その事故のことを聞き付けた那月さんの仲間は、病院にまでお見舞いに行った。

安西君の右手は包帯を分厚く巻かれて痛々しそうだった。

利き手の指が二本失われてしまったショックも大きいのだろう。彼は真っ青な顔をして、沈痛な表情を浮かべていた。

「安西――大変だったな」

リーダー格の洋介が、切り出し辛そうに声を掛けた。

「ああ。来てくれて嬉しいよ。でも、ちょっと色々思うところもあるんだ」

安西君によれば、バイクにはキーも挿していなかったとの話だった。それならば、どうしてエンジンが掛かったのか、まるで分からない。

彼は話を一旦区切ると、その場にいる全員の顔を見て訊ねた。

「皆、俺よりもバイクのことに詳しいと思うんだけどさ。呪われた工具って知ってる？」

「何だそれ」

「俺の行ってる高校の三個上の先輩が、バイク事故で亡くなったときに、その人が使っていた工具セットなんだけど。噂くらい聞いたことない？」

「――いや、初耳だ」

洋介は少し思案した後でそう答えた。周囲も皆、知らないという。無論那月さんも初めて聞く話だった。

「その工具さ、亡くなった先輩の知り合いに形見分けみたいな感じで配られたらしいんだけど、それを手にした全員が大怪我をしたり亡くなったりしているって言うんだよ。しかも、最初は何人かに分散して渡されたはずなのに、いつの間にか少しずつ集まって、結局俺のところに全部あるんだ」

事故が起きたときに、安西君が手にしていたのもその工具だったという。

その場にいる何人かは偶然だろと口にした。

――そんなことってあるんだ。

那月さんがそう考えていると、友人達の中でも特にやんちゃな宏が声を上げた。

「じゃ俺にその工具くれよ」

その発言に、一瞬病室の空気が固まった。

「やめろよそういうの」

洋介が諌《いさ》めたが、宏は気にしていないようだった。

後日、宏は、安西君がまだ入院している間に彼の家に行き、その工具セットを黙って持っていってしまったと聞いた。

「宏が死んじまった」

仲間内にその連絡が入ったのは、安西君が退院した日の夜のことだった。

制限速度を五十キロ以上もオーバーするようなスピードで国道を走っていたところ、突然前輪のタイヤが外れるという事故が起きた。宏は即死だったらしい。

「宏の母ちゃんから聞かされてさ。あいつ親不孝しかしてねぇじゃねえか。なぁ」

洋介は悔しそうだった。

安西君は黙ったままだった。きっと、その事故も呪われた工具のせいに違いないと確信しているのだろう。

那月さんはそんなことを思ったのを憶えている。

後日、友人達が宏の親御さんに頼まれて、警察にオートバイを引き取りに行ったときに聞いた話だが、事故ったオートバイの傍らには例の工具がバラバラと落ちていたらしい。

それは皆で相談の上、神社へ持っていって引き取ってもらったという。

工事現場にて

バール

バールとは、鉄の棒が途中で九十度折れ曲がったような工具だ。梃子《てこ》の原理を用いて重量物を移動させるのに用いられる。そう書くと、大雑把な道具のようだが、現場の人に言わせると、実は繊細な働きをしてくれる道具なのだそうだ。それこそ数ミリ単位という精密な仕事をこなすのにも用いられるという。例えば下水管や水道管といった大きな構造物を地中に設置する際には、数ミリ動かすためにバールを使う。地中に石があった場合に、その様子を探るのに使ったりもする。

その会社では、工事現場には必ずバールを何本か持ち込むのだが、実際は頻繁に使うものでもない。だがどうしても使わなくてはいけない場面がある。そんなときのために、いつだって車に積んであるのだ。

「あー、やっちゃったよ」

浜田さんは、掘削穴の底から結城さんに声を掛けた。

「バール持ってきてくれ、カルバートの設置がずれちまってる」

新人の結城さんは、道具箱へと走った。取っ手部分を赤のスプレーで着色されたバールを浜田さんに手渡す。それを一瞥して、浜田さんが声を荒らげる。

「これじゃねぇよ！　ダイバール！」

「すみません！」

謝りながら、結城さんは大きなほうのバールを取りに行く。ダイバールは、この会社での一番大きなバールの呼称だ。恐らく語源は〈大バール〉なのだろう。

抱えて持ってきたダイバールを掘削穴にいる浜田さんにぶつけないようにと慎重に手渡す。足場が悪いので気を遣う。

「代わりにこれ持ってけよ！　縁起でもねぇ」

浜田さんから先ほどの、赤い握りの小さいバールを受け取る。

「そいつ、赤で全体スプレーしとけ。お前みたいなのが間違えて使わねぇようにな」

「使わないんですか？」

「使わねぇんだよ。でも捨てるとうるせぇし、色々厄介だから。いいから工具箱に戻しとけ。次から間違えんなよ」

昼休みに、結城さんは浜田さんに話しかけた。先ほどのバールのことが気になったからだ。すると、あの小さいほうのバールは使うと地中の管を貫くので、縁起が悪いのだと教えてくれた。

「いや、まさかそんなことないでしょう」

「それがあるんだよ。普通はそんなところに管なんてあるはずがないのにさ、ぐっとバールを地面に刺すじゃんか。そうすると、五回に四回くらいは水道管とかガス管とか下水管とかを壊しやがんだよ」

縁起が悪いというのか、不慮の事故を呼ぶというのか。

浜田さんは唖然とする結城さんを横目に話を続けた。

「――元々、あれはうちの会社のものじゃなかったんだよ」

過去の工事で人手が足りずに、他の会社から人を回してもらうことがあった。それ自体はそんなに珍しい話ではない。

「その現場に他の会社の作業員が紛れ込んだんだな。それで何処の会社のか分からないけど、うちの道具箱にいつの間にか入ってたんだよ」

「捨てるのはダメなんですか」

「気持ち悪いけど、まだ使えるからなぁ」

浜田さんはそう言うと、赤いラッカースプレーをバールに吹きかけた。そのまま道具箱へ戻す。

二人で作業に戻ろうかと何歩か踏み出したところで浜田さんが何かに気付いたように声を上げた。

「やっぱりさっきのバール持ってこい！　すぐに！」

我儘《わがまま》な人だなぁと思いながら、結城さんが工具箱を振り返る。

しかしそこにバールの姿がない。今しがた真っ赤にスプレーされたのだから、目立つはずなのに、何処にもない。

近寄って周囲を見ても姿も形もない。周囲に人影はなかったし、誰かが持っていったということもないはずだ。

戸惑っていると背後から浜田さんの声が響いた。

「早くしろやー！」

どうしようどうしようと焦っていると、上から声が聞こえた。

「はい」

男の声だと思った瞬間、ヘルメットに衝撃が走り、続いて肩と腕が痛んだ。

バールが地面に落ちるドスリという重い音。

まさか上から降ってきたのか？

意味が分からない。地面に落ちたバールを拾い、肩を押さえながら浜田さんに手渡そうと走った。

「おい、大丈夫か？　血ぃ出てんぞ。あとそのヘルメット――」

心配そうな浜田さんの声で、結城さんは腕から血を流しているのに気付いた。慌ててヘルメットも外す。

ヘルメットには、足元のバールに先ほど吹きかけた赤いスプレーと同じ、真っ赤な手形が付いていた。バールを確認すると、先ほど吹き付けたスプレーがまるで何かが握ったように持ち手の部分だけ剥げていた。

「このバールは、偶にこういうこともあるから気を付けないといけないんだよ。だから道具箱の底に、最終手段で沈めとけ」

気味悪そうな表情を隠そうともせずに浜田さんは言いながら、バールにスプレー缶を吹きかけていく。彼が手にしているのは、今度は青色のスプレーだった。

パワーショベル

「十時になると、必ず止まるパワーショベルがあったんですよ」

結城さんは、過去に渡り歩いた幾つかの現場のことを思い出しながら、そう教えてくれた。

朝、燃料を入れてもその時間になるとエンジンが止まってしまう。そのサイクルが悪いのではないかなどという話も出た。

「でも、そうじゃないらしいんですよ。同時期に現場に入った人に、霊感があるって方がいまして、その人が気持ち悪そうにしてたんですよね。何か気になるんですかって訊いたら、パワーショベルに幽霊が乗ってるって言うんです。僕には何も見えないし、分からないんですけどね――」

その霊感持ちの作業員が教えてくれた話によれば、エンジンを止めているのは三木さんという人の幽霊とのことだった。

「十時になるとさ、ずっとパワーショベルのオペに一緒に座ってた三木さんの幽霊が、一旦席から離れて一服すんだよ。そうすると何故か止まっちまうんだ。あの人サボる癖あったじゃんか。だからだと思うよ」

三木さんは既に故人だが、そのパワーショベルのオペをずっと担当していた。ただ彼には酷いサボり癖があり、十時休憩で一旦席を外すと、そのままパチンコに行ってしまって、帰ってこないこともあったのだ。

「あのおっさん、死んでからも朝だけしか仕事しねぇのかよ」

話を聞いた一同は、驚くよりも呆れるばかりだったという。

セットハンマー

「本当は石頭《せっとう》ハンマーらしいんですけど、どの現場でもセットハンマーって呼んでましたね。単に言いやすいからだと思いますが」

元々は石材業界で使われていたハンマーらしく、釘打ち用の通常の金槌《かなづち》よりも大振りで、多用途に使用される。工事現場では、機械では壊しにくい場所にある石などを粉砕するのに使われることが多いようだ。

結城さんが勤めていた会社では、普段は槌の部分と持ち手とを分解《ばら》して運んでいた。ハンマーとして使うときには持ち手に槌部分を嵌め込み、足で踏みながら引き上げて固定する。そのままでも置き場所に困るという訳でもないのだが、単に槌の部分をビニールシートの重しなどに使うこともあるからだろう。

ある会社の道具箱に入っているセットハンマーは、重しとして使われるぐらいで、他には出番がなかった。そんな使われ方をするのは、槌の部分が欠けたり凹んだりして、鉄塊としての使い道しかなくなってしまったものに限られる。見ればまだ新しいのに、勿体ないなと思っていた。

ただ、事情があるのだろうと周囲に訊いてみると、使うと怪我をするのだという返事があった。

そもそも買ってきたその日に、作業員が土管を壊そうとスイングした瞬間に、持ち手を握っていた左手首が抜けた。槌と持ち手で合計して一キログラムは超えていても、二キログラムはないだろう。そんなに重いものではない。

痛い痛いと青い顔をしている作業員を連れて病院へ急行するも、気付けば病院に到着する前に痛みが引いた。本人は違和感があるとは言いながらも、首を傾げつつ現場に戻ってきたという。

それから何度も使うたびにおかしなことが起きる。あるときは持ち手の部分が割れて手に刺さり、流血騒ぎが起きた。またあるときには、手繰り寄せるのに左手で掴もうとした瞬間に、アスファルトと槌の部分に挟まれて指を潰した。繰り返すが、そこまで重いものではない。指が潰れるなど起こり得ない怪我なのだ。

そんなことが何度も起きた。

「あれ何なの？　捨てる？」

小心者の現場監督は、気にしてそう言うのだが、作業員達からは、滅多に使わないしと放置されていた。

しかしある日、道具箱を運んでいる最中にそのハンマーが落ち、それを知らずに踏んだ作業員が転倒して左腕を折った。

もうこうなると縁起が悪すぎるからと、廃棄されることになった。

現場監督自らが会社の粗大ゴミ箱へ入れて、もうこれ以上何も起きなくなるはずだった。

しかし翌日、会社の専務から「あれは粗大ゴミ箱に入れるな」との命令が下った。

事情を訊くと、昨夜専務が帰ろうとしたときに、粗大ゴミ箱の前に座る老婆を見たという。

老婆はぶつぶつと何かを呟きながら、下を向いていた。

会社の敷地内だ。ボケて迷い込んでしまったのかと確認することにした。

「おばあちゃん、どうしたんですか」

そう声を掛けたところ、彼女はすっくと立ち上がり、老婆とも思えぬ速さでこちらに向かって走ってきた。

専務は突然のことに驚いてその場を動けなかったという。

老婆は満面の笑顔を浮かべて走ってくる。それがやけに恐ろしかった。

そして、もうぶつかる、というところで消えた。

老婆の消えた後には、件のハンマーが転がっていた。

「それで専務が怖がっちゃってね。こんなのは会社に捨てるなってことだったんですよ」

その後、そのハンマーはどうしたのかと結城さんに訊ねると、最終的に、とある工事現場に近い住宅地のゴミ捨て場に素知らぬ顔で置き去りにして、それっきりだという。

ランマ

工事現場でお馴染みの機械にランマという装置がある。

エンジンを掛けるとバタンバタンと飛び跳ねるが、手で支えると安定して、地面を平らに締め固めるための機械のことだ。突き固めるという意味のラマーという英語が語源らしいが、工事現場ではランマとかランマーと呼ばれている。

そのランマだが、振動が原因なのか、土に塗れるので埃を吸いやすいのか、とにかくよく壊れるのだと結城さんは教えてくれた。

修理に頻繁に出すことになるので、レンタルすることが多いという。故障が多かったりメンテナンスに気を使うような機械は、レンタルでないといざという時に咄嗟の取り換えが利かないので、仕事に差し障るという理屈だ。

「勿論工事現場では必須な機械ですからね。直せる範囲なら部品を弄ったり、排気口を外したりとか。色々するんですけど、それでもハズレってのはあるものなんですよ」

そのハズレにも色々あるらしい。

とあるレンタル会社のランマは、同業者間では〈ハズレ〉として有名で、レンタルのときに「アレはやめて」などと注文を付けられるほどだったという。

だが、既に他の機械が出払ってしまっていたら、背に腹は代えられない。職人は嫌がったが、仕方がないものは仕方がない。

我慢して使っていたが、ある日、何度目かの不具合が出た。

エンジンが掛からないのだ。動かないと工事が進まない。腰を落ち着けて手を入れようかと色々と触った末にエンジンを掛けた。すると何事もなかったかのように、バッタンバッタンと飛び跳ねだした。

そのときのランマ担当は新人作業員だった。

彼はあろうことかランマの勢いに手を離してしまった。

すぐに倒れて、落ち着くだろう。誰もがそう思ったが、ランマは人の手を借りることなく、誰かにちゃんと押さえられているように安定した動きを見せ始めた。

パタパタパタ。

地面を手際よく締め固めていく。

こんなことはあり得ないと、横で見ていた三人の作業員は驚きで声も出なかったという。

「聞かせてもらった話ですけど、その内二人はランマを掴んでいる手まで見えたって言うんですよ。あれは幽霊がランマ使ってたって。しかも多分ベテランで、滅茶苦茶綺麗に整地してたって言うんです」

結城さんによれば、その内一人はその様子を詳細に観察して、不思議なことを言い出した。

「ありゃやり方がうちの連中じゃないね。うちの亡くなった爺どもなら、片側から叩くからね。あんな円を描くように綺麗にやらねぇからな」

その人曰く、やり方から多分水道屋の漏水班ではないかということまでは分かったそうだ。

「水道屋は穴の形が決まってるからでしょうね。大体長方形の小さな穴しか掘らないから、ランマの使い方にも癖が出るんでしょう」

ただ、その自律して跳ねていたランマは、故障しているとレンタル会社に言い張って、無理矢理違うものに交換してもらったらしい。

現場監督曰く、そんな気持ちの悪いものは壊れているのと一緒だそうだ。

尚、今でも他の現場でそのランマは使われているが、やはり稀に一人で走りだすことがあるという。

警備員の誘導棒

道路工事などで警備員が誘導棒を持っているのを見たことがある人も多いだろう。

あの棒は個人での持ち込みが普通なのだという。勿論万が一に備えて工事業者も誘導棒を持っている。一本二千円くらいだが投げたり強い衝撃を与えたりすると壊れるので、あまり警備員には貸したがらないらしい。

その日、結城さんの出先での担当は、道路工事の車両誘導だった。

ただ、彼の持参した誘導棒は壊れていて明かりが点かないものだった。仕事は夜までには終わると話に聞いていたので、特に誘導棒の明かりは必要ないという判断からだった。

だが、運悪く現場がガス管を壊して大惨事となり、日が暮れた後にも工事が続いた。残業確定だ。これが地元なら、会社に電話を入れて、替わりの誘導棒や夜光チョッキなどの夜間装備を持ってきてもらうところなのだが、あいにくその日は地元からかなり離れた場所での工事だった。

街灯もない真っ暗闇の中には、通行止めの看板くらいしか目立つものがない。車が来ても看板に気付かず突っ込むこともあり得る。どうしても明かりが欲しい。

「ごめんねぇ、やらかしちゃったからさぁ……」

残業で疲れるだろうと缶コーヒーとパンを持ってきてくれた作業員が、結城さんに謝りながら周囲を見渡した。

「ここ、街灯もないし、明かりないと危ないよね。うちの誘導棒貸してあげようか。結城さんの誘導棒、明かり点かないんでしょ」

「お願いします！」

そう頼み込むと、すぐに作業員が誘導棒を持ってきてくれた。

「あんまり良いのじゃないんだけどね。あと、どうしても使うのが嫌だったら、懐中電灯持ってくるから、それを看板の前に立てておけば少しは目立つよ」

「ありがとうございます」

感謝を述べながら、カチカチと何度かスイッチをスライドする。次に何度か振ってみた。振ったときに明かりが消えてしまうという不具合もあるからだ。

大丈夫そうだなと結城さんは安心して警備に戻った。

真っ暗闇の中では、赤くチカチカする程度の頼りない明かりでも安心できる。


どのくらい経っただろうか。

離れた位置から聞こえてくる工事の音で、おおよその進行状況は分かる。先ほどガス管工事の復旧がされたから、今は本来の工事内容に移っているはずだ。

ああ、今は管を敷設している機械の音がする。

これならあと一時間半くらいで終わるかな――。

そう思った直後に、隣に立つ何者かの足に気付いた。

「こ、こんにちは！」

警備員として受けた教育で、まず挨拶をするというのがある。

驚いて咄嗟に出た言葉だったが、頭を下げながら、こんな真っ暗で、こんにちは、はないよなと急に恥ずかしくなった。

こんばんは、だろ。何やってるんだ——そう考えながら身体を足のほうに向けて気付いた。

隣に立っているのは土木作業員の格好をした人だ。

見たことのない顔だが、今工事に携わっている作業員と同じ制服だ。

更に足元しか見ていないのに、顔が分かる。

顔を上げて会話をしなくてはいけない。そう思っても、怖くて顔が上げられない。

車で会社から遠く離れたここまで、自分を含めて三人しか来ていない。

なら、この人は誰だ？

「返せ。オレんだぜ」

しわくちゃの手が差し出された。

誘導棒のことを言っている。と、何故か思った。

「はいっ、すみません！」

渡すとカコーンと高い音がして、地面に誘導棒が落ちた。直後、真っ暗になった。点滅していた明かりが消えたのだ。

暗闇の中では指先さえ見えない。人の気配ももう消えた。

だが、そこには誰かが立っているはずなのだ。

怖くて堪らない。結城さんは誘導棒を放ったまま工事現場へと走った。

「すみません！　懐中電灯貸して下さい！」

誘導棒は壊れて、ライトが点かなくなったということにした。

あんなものは、もう握っていられない。

懐中電灯を持って、持ち場へ戻ると、誘導棒はライトが消えたまま、まだそこに転がっていた。

「――後で、そこの会社に行ってた警備員に訊いたら、定年を迎えた作業員の爺さんが、まだ現場で働きたいって言って、警備員が足りないときにはその誘導棒持って警備してたらしいんだよ。けどさぁ、爺さんでしょ。ちゃんと警備できなくて、しかも何かあると通行人と喧嘩しちまうんだって。会社のほうも困ってね。事情が事情だからって辞めてもらったんだって。その爺さんの怒りでも籠もってたんじゃねぇのって話でして」

結城さんはそこまで一気に捲し立てた。

「それでこの爺さんの誘導棒、長く使うと祟るらしいんですよ。誘導棒自体、握ってるときに一日何回も喧嘩を売られるとか普通ですしね。なので使ってる人の恨みが籠もるんですよ。あの爺さんも、ずっと怒ってた人だっていうし、最期はあまりいい死に方しなかったって聞いてますしね。まぁ、気を付けて下さい」

彼は一連の話を教えてくれた後で、そう締め括った。

持ち主不明

会社員の久美さんは、夫と二人暮らしだ。

夫は内装関係の仕事をしている。

「この箱、仕事で持っていくから。そのままここに置いておいて」

いつものように帰宅した夫が、工具箱を部屋の隅に置いた。プラスチック製で黒っぽい色の持ち手の付いたものだ。

過去にも何度か仕事道具を持って帰ってくることはあった。邪魔だと思うことも多々あったが、仕事なら仕方ないと黙っていた。

いつもと違ったのはこの工具箱は夫のものではなく、彼の部下である荒川君のものということだ。

「何でうちに持って帰ってきたの？　彼とは仲悪いじゃない？」

荒川君は、問題の多い社員だと聞いている。久美さんは彼と直接会ったことはない。

夫も最初の内はあれこれと面倒を見ていたが、何度教えても覚えない。仕事が遅く、問題を起こしても報告しない。

荒川君の奥さんが、勤務先に押しかけてきそうになったことがある。絡んだのは彼とは違う部署の人だ。

〈女性社員が仕事の連絡を電話してきた〉

それが奥さんの常識ではあり得ないことだったらしい。間に入った上司に対して、暴言を吐いた。荒川君は奥さんに止めるように言わなかった。

それ以来社内では、荒川君とは必要以上に関わらない空気になっている。

「すぐに持っていくから、それまでそこに置いておいてよ」

夫は苛ついているのか、声を荒らげた。これ以上何か言えば、喧嘩になる。

久美さんは我慢するしかないと諦めた。

数日経った。

荒川君の工具箱は、最初に置いた場所から動いていない。

久美さんが家の中を移動する際、何度か足の小指をぶつけた。

そこにあると分かっていても、慌てているとうっかりやってしまう。ぶつけた小指の痛みで、蹲ることもあった。その内小指を骨折するかもしれない。

何度か別の場所に動かそうとしたが、箱は見た目以上に重く面倒だと感じた。

夫が帰宅した際、「早く会社に持っていってくれ」と頼んだが、「はい、はい」と生返事が返ってくるだけだ。

「せめて別の邪魔にならない場所に動かしてくれ」

こうも頼んでみたが、「後でやっておく」というだけで、箱はそのままだった。


その日。宅配便が届いた。

一人で家にいた久美さんは慌てて玄関に向かい、箱にまた足の小指をぶつけた。

「荷物……とにかく荷物を受け取らなければ」

顔を引き攣らせながら、玄関のドアを開けた。

「……大丈夫ですか?」

配達員の人に心配されてしまった。苦笑いしながら荷物を受け取り、ドアを閉めた。

「痛《いっ》てぇなぁ、ああ、もう」

他のことで苛ついていたこともある。そのタイミングでこの痛み。我慢ができなくなった。

箱の置いてある場所まで行くと、足裏を使って押すように蹴った。本当は思い切り蹴飛ばしたかったが、自分の足が重みに負けると思った。

「あれっ？　えっ」

それくらいでは動かないと思った箱が、横に倒れた。いつも感じていた重みはなく、あまりにもあっけなくて拍子抜けした。

中に入っているものが転がる音がする。硬いものがぶつかる音だ。

後で夫に何か言われるかもしれない。

久美さんはそっと工具箱を起こすと、蓋を開けた。

最初に白い紙が目に入った。それと同時に異臭が鼻を突いた。腐った肉の臭いに似ていた。

小さく折られた白い紙が、大量に詰め込まれている。折り紙とは違う、和紙のような紙だ。鼻を押さえながらじっと見ていると、紙の上を複数の小さな茶色い虫が動いているのが見え、箱の蓋をさっと閉めた。

首の後ろから声がする。聞き取れない小さな声。同時に誰かに息を吹きかけられた。

アルコールの臭い。

驚いてよろけた拍子に、後方にあった椅子にぶつかった。

それから殺虫剤を持つと、床に座り込んだ。

（虫が出てきたら大変だ、虫が出てきたら大変だ、虫が出てきたら大変だ）

一時間くらい、工具箱から目が離せなくなった。


夫が帰宅するとすぐに、工具箱のことを訊いた。彼女の口調が荒かったこともあり、夫も喧嘩腰になった。

「はぁ、何言っているのお前。ただの工具箱くらい置いたっていいじゃねぇかよ」

夫が箱を開けた。中には仕事で使う道具。

白い紙はなかった。

夫は工具箱を勤務先へ持っていった。仕事から帰宅すると、無事に荒川君に贈呈できたと言った。

それから暫く経ってから、夫は勤務先を辞めた。次の仕事は決まっており、安心の転職だ。

「荒川と顔を合わせないで済むことが、何より嬉しい」

勤務先が変わり心に余裕ができたのか、夫はあの工具箱の詳細を教えてくれた。

荒川君が一人で行った現場でのことだ。

前日に担当者から建物の名前と住所は聞いていた。その日は現状確認のみで作業はない。楽な仕事だと気が緩んでいたのかもしれない。その建物には複数の部屋があったが、肝腎の作業に入る予定の部屋番号を訊き忘れていた。

「前にも行ったことがある部屋だったたな」

荒川君は担当者に確認せずに、現場に行った。

ここだろうという部屋がある。部屋の前まで行くと、ドアが開いていた。

中を覗き込む。空室だ。

「よし、やっぱりここだ」

荒川君は、中に入って確認作業をした。

帰り際、その部屋に工具箱が置いてある。自分のものではないが、社員の誰かが忘れていったのだと思い親切心から持ち帰った。

戻った彼から報告を受けた夫は、激怒した。

「どうしてちゃんとその場ですぐに確認をしないんだ」

幸い今回は間違った部屋に入った訳ではないが、いつか取り返しの付かない問題を起こす気がした。しかも彼が勝手に判断して持ち帰った工具箱は、勤務先の人間のものではない。

後日。建物のオーナーに、確認と謝罪を兼ねて伺う仕事が夫に回ってきた。あの工具箱を車に積み、家まで持ち帰った。伺う前にオーナーに電話で確認したが、工具箱には覚えがないと言われた。

行き場のない工具箱が、夫の手元に残った。

一度中を確認してみようと思い自宅へ持ち込んだが、仕事の忙しさに追われ後回しにされた。

その後。工具箱を受け取った荒川君は、原因不明の高熱で会社を数日休んだ。彼の住まいは三世帯住宅で、そこに住む全ての人間が同じ症状で苦しんだ。

それから間もなく、彼の祖母が亡くなった。かなり高齢だったこともあり、高熱に耐えられなかったのかもしれない。

夫は自分が逃げる道を選んだが、辞めてからも仲の良かった人間とは連絡を取り合った。

「荒川君、また長期で休んでいるんですよ」

辞めた会社のことなどどうでもいい。夫は話を適当に流した。

彼が工具箱をどうしたのかは分からない。彼が使っている社用車に、該当する工具箱はなかった。

恐らく持ち主不明の工具箱は、今も荒川家に置いてある。

日曜大工

武田さんの父は日曜大工が趣味であった。

お世辞にも上手とは言えない腕前だが、家の庭に置く椅子や、犬小屋を作ったりしていた。

その父も三年前に他界し、愛犬もほぼ同時期にこの世に別れを告げた。

どんどんと風化していく椅子や犬小屋を見るたび、何とも言えない気持ちになっていたという。

「やっぱり、ボロボロになっていっても、愛着というか情があるので処分できなかったんですよね」

定年を機に武田さんは、父の作品を長持ちさせるべく補修作業に取り掛かることにした。

倉庫の中にしまわれていた父の大工道具を引っ張り出す。

初めてちゃんと見るが、工具を入れている箱も父の手作りのようだった。

「あーあ、蓋がずれてるじゃん。蝶番《ちょうつがい》が馬鹿になってるのにそのままかよ……」

父の大雑把な性格を思い出し、笑いが零れた。

中を確認すると、様々な工具が収納されていた。

ただ、その工具はメーカーもバラバラで、百均商品と思える程、安っぽい造りの物ばかりであった。

「馬鹿だなぁ。こんなのを使ってるから、下手な腕が余計に目立つんだって」

そんなことを考えながらも、家計に負担を掛けないようにという父の想いが溢れてくる。

（しゃーない、俺もこれで直すか。で、親父に俺の腕を見せつけないとな……）

まずは、椅子の座面で罅《ひび》割れている板を小さいバールで煽り、外そうとする。

「んっ？　よっ？　むむっ」

梃子の原理で力を加えるが、支点となる板の部分がミシミシと割れそうな音を立てる。

「ああっ、くそっ。もっとでかいバールなら、一気に外せるんだよ。こんな玩具みたいなの使ってるから、上手くいかないんだって」

文句を言いながらも格闘し、漸く板を外すことができた。

次はホームセンターから買ってきた板を、丁度良いサイズにのこぎりで切断する。

「ほっ、とっ、よっ……」

やる気はあるのだが、のこぎりの歯が板に食い込み、リズム良く挽けないでいた。

「ああっ、もう、くそっ。やっぱクソみたいな道具だと、全然作業が捗らんわ」

のこぎりをその場に放り出し、縁側に腰を下ろす。

(よくもまぁ、あんな道具で日曜大工なんかやってたな。そりゃあ、出来の悪い作品になる訳だ)

どうしても苛つきが抑えられずに、その日の作業はそこで終了とした。


その夜、武田さんは夢を見た。

亡き父親が、もの悲しげな表情で武田さんを見つめてくる。

自然といた堪れない気持ちになり、「違うんだ」と言い訳のような言葉を口走っていた。

そこで武田さんは、ハッと我に返る。

武田さんは布団の上で直立していた。

(夢……だったよな？　いや、目の前にいたような気がする。そもそも寝てた俺が立ってるのって、おかしくないか？)

幾ら考えても正解は分からない。

ただ、説明はできないが、目の前に人がいたという空気感のようなものは、肌を通して彼の神経にしっかりと刻まれていた。

（そんな馬鹿な……）

困惑する彼の視界に、更に動揺を加速させる物が落ちていた。

「え……何でのこぎりがここに……」

作業が上手くいかず、放置していたのこぎりが眼前にある。

手に取って確認するが、父の物に間違いない。

武田さんの思考は迷路に迷い込み、悶々としたまま朝を迎える。

その後、キッチンに行き、インスタントコーヒーを淹《い》れながらも、彼なりの回答を導き出そうとしていた。

ゆっくりとコーヒーを飲み干し、「よしっ！」と気合いを入れる。

父の大工道具を使い、椅子と犬小屋の修理に取り掛かる。

昨日とは違い、どんどん作業は捗る。

昼過ぎには、壊れた板を張り替え、防水用のニスを塗っていた。

ニスが乾くまでの間、また縁側に腰を下ろし、しげしげと仕上がりを眺めていた。

（まぁ、対して変わらない出来だな。いや、壊れている所を直したんだから、親父の出来が目立ってるんだって）

そう思いながら、笑ってしまう。

気持ちの良い日差しに誘われて、武田さんはいつの間にかうたた寝をしていた。

夢の中では父が椅子に腰かけ、愛犬は犬小屋の前でお座りをしている。

どちらも嬉しそうな表情をしているように見え、武田さんは自慢をしてしまう。

「どーよ、親父より腕がいいだろ？」

この言葉を発している途中で、武田さんは目覚めていた。

眼前には父と愛犬が並び、「そうだな」『クゥーン』と返事をしてくれた。

ハッとする一瞬の内に、その姿は消えていく。

ただ懐かしい父と愛犬の匂いは、彼の周囲を包み込んでいた。

「また、ダメになってきたら、何度でも直してやりますよ。勿論、親父の工具だけでね」

武田さんの庭には、椅子と犬小屋が今も誇らしげに並んで飾られている。

滲む脂

晃久さんの実家には大きい神棚がある。

襖二枚分ほどの幅で、造りも神社の一部を切り取ったかのように凝っている。

飴色になった木が物の古さを表していた。


神棚の中央には御札と古い鉋《かんな》があった。

父親は毎朝水を取り換え、鉋を紙で拭き、手を合わせて深く一礼する。

晃久さんはそれが当たり前のものだと思っていた。

だが、友人の家などで見ると神棚や御札はあっても鉋はない。

最近になって、父親に訊ねてみたそうだ。

「何で神棚に鉋なんて置いてんの？」

「気付いたか。そうだなぁ。お前ももう三十だもんな」

「そりゃ変に思うでしょ。まさか鉋に神様でも入ってるとか言う訳？」

父親は晃久さんを睨みつけた。

柔和な父親に似合わない形相。晃久さんは狼狽《うろた》えた。

「そんないいもんじゃない。鉋を置いてあった所、見てみなさい」

踏み台を使った瞬間、酸っぱい臭いが鼻を掠める。

神棚の中央にはじわりと広がる黒い染みがあった。

「それは、あぶらの染みだ」

「あぶら……？　手入れに使う奴？」

「人の脂なんだ」

父親曰く、先祖は罪人を拷問する役目を負っていたという。

拷問も様々な方法があったが、最終的には鉋で肉を削ぐということを行っていた。

娯楽の少ない時代。先祖はこの方法にのめり込んだ。

あまりの惨さに刑場に来た絵師も逃げ出すほどだった。

その内に子供や孫が仕事を引き継ぎ、この拷問は施行されなくなる。

歴史に埋もれ、一族しか知らない事実となったのだ。

しかし、時折、鉋を扱おうとする輩が出てくることもあった。

これを憂い、何代目かの人間が「この件をぞんざいに扱うことと鉋の使用を禁ず」と遺言したのが、鉋を祀る始まりだそうだ。

神棚はその時代からのもので、名称がないため神棚としているが実際は供養のための祭壇を兼ねているということだった。

「お前が小さい頃、鉋を指さして〈遊んでって言ってる〉って話してたの、憶えてるか？」

「いや……そんなことあったっけ……」

「扱おうとする輩がいたように、そうやって鉋に呼ばれることがあるんだ。俺も半信半疑だったけどさ。お前が呼ばれてるかもって思ったら丁重に扱わざるを得なくてな……」

そう言うと、父親は鉋を元の場所に戻した。

暫し鉋を眺め、手を合わせ、深く一礼をした。

「二百年ぐらい前の話らしいけどな。毎朝拭いても、未だに脂が滲むんだよなぁ……」

晃久さんも、今では神棚に手を合わせ深く一礼をする。

人の肉を削ぐ、という言葉に興味を持ってしまった自分を戒するために。

二人ハ夫婦

ある大工さんから聞いたお話。

あるとき、この方の先輩に当たる職人さんが亡くなった。

名前を仮に重吉さんとしておく。

享年五十歳。殆ど天涯孤独に近い身の上で、人付き合いは悪くはなかったが徹底して無口な人でもあった。

四十九日の法要も済んだ頃。葬儀で喪主も務めた甥に当たるという男性が、「叔父の大工道具を形見分けしてもらいたい」と申し出てきた。

「大工の世界の常識は分かりませんが、職人さんが丹精込めて手入れした仕事道具を、僕なんかの一存で処分するのはよろしくない気がします。もし良かったら、仲間の方々に使って頂きたいんです」

見るだけ見てみよう、ということになった。

重吉さんとよく組んでいたメンバーが揃い、彼が生前愛用していた大工道具入れを改める。

と。すぐに全員、おかしなことに気付いた。
「ハテ。箱の見た目より、入ってる道具がチョイと少ないぞ」
「こりゃ、底を少しばかり〝上げて〟あるんじゃねぇか？」
流石は本職である。
よくよく調べてみると、果たして底の部分が二重になっていることが判明した。
仕切りの蓋を取り外し、隠されていた本当の底を確かめてみる。
——全員、「げぇっ」と漏らした。
女性のものと思しき毛髪が、一房。丁寧に束ねられた形で、姿を現した。
そして、それに添えられるように、一枚の紙切れが入っている。
『重吉、アカネ、二人ハ夫婦』
そう、したためられていた。
そしてその紙には、赤茶けた色の指紋が二つ、仲良く並んで押印されていた。
「これ、もしかして血判かな」
誰かが言った。
重吉さんは先述の通り独り身である。というか生前、女性の影が差した試しすらない。
形見分けどころではなくなってしまった。

こんなものの中に入っていた物は受け取れない、ちょっと込められたものが重すぎる……云々。次々と大工仲間が辞退していく中、

「よし。そんなら、俺が全部貰い受けよう」

一人、そう言った者がいた。

重吉さんと特に仲が良かった、軍平さんという最年長の職人である。

「よく分からんが、重吉には一度は運命を誓い合った女がいたってことだろ？　結構じゃないか。俺もあいつとは兄弟みてぇだったたし、俺が受け取るんだったらあいつもあの世で本望だろ。大工道具も大事に使ってやるし、箱も大切に保管してやる。文句ないな、みんな？」

あるはずがなかった。

寧ろ全員、軍平さんの豪傑ぶりにホッと胸をなで下ろしたという。

それから、二日もしない内である。

「あのなぁ、重吉の道具箱、なぁ」

軍平さんは、柄にもなく申し訳なさそうな様子で現場に顔を出し、

「あれ、寺に預けちゃった」

そう言ってガックリと肩を落とした。

何でも、道具箱から鑿《のみ》を一本取り出し、手入れ具合をしげしげと眺めていたところ、いきなり柄の部分からパッカリ縦に割れてしまったらしい。

そして、その断面部分には、

『シゲキチ』

『アカネ』

と、はっきり読めるように文字が浮き出ていたのだそうだ。

「ははぁ、わざと一度割って、二人の名前を書いた後、またピッタリ合わせたんだな」

「信じられねぇ。よくもまぁ、そんな危なっかしい道具で仕事をしてたもんだ」

「重吉の奴。そこまで好き合った女がいたんだなぁ……」

違う違う。そこで軍平さんは、仲間達の言葉を遮った。

細工をした跡なんか、見受けられなかったのだ、という。

つまり、『自然に割れた鑿の柄の中から、二人の名前が現れた』のである。

「俺も職人だ。それくらい分からぁ。だから――」

だから。

「重吉の奴が、『俺と女の情念が染みついた道具に触るんじゃねぇ』って言ってるような気がしたんだよ。あれはやっぱり、誰が持っていてもいいもんじゃねぇ。あまつさえ、処分なんてしちゃいけねぇ」

お寺に預けるのが一番いいんだ。吹っ切れたようにそう言って、軍平さんは仕事に入った。

――因みに、話者曰く。

二重底の大工道具入れの中に入っていた女の髪は、びっくりするほど艶々しており、何となく「つい昨日、切って束ねて入れたみたいだ」とすら、思ったという。

鑿

半世紀ほど前の話になる。

平野さんの家は代々鳶《とび》職と左官職人の家だった。彼女の父親は親方で、彼女が生まれた時分には、住み込みで見習いをしている若い衆が二十人ほどもいたという。

若い衆は中学を卒業してすぐに地方から出てきた者が殆どだった。

修行を終えて巣立っていく職人には、親方から必ず新しい鑿を渡していた。

鑿は柱などの木材に穴を穿《うが》つために使われる。彫刻刀の巨大なものを想像すれば近いだろう。一般的には柄の後端の桂と呼ばれる部分を玄能《げんのう》で叩いて使う工具だ。

彼女の家には、家業の関係で大工用具は数えきれないほどあった。ただ、その中には特別なものもあった。特に亡き祖父の道具箱には、和紙で綺麗に包まれた古い鑿が入っていて、それは絶対に持ち出したり使ったりしては駄目だと厳しく言われていた。無論、若い衆に対しても言い含められており、平野家に出入りする職人には周知のことだった。

そんなある日、若い衆の一人が、現場で自分の鑿を失くしてしまい、あろうことか道具箱の中から、勝手にその鑿を持ち出してしまうという事件があった。

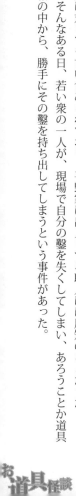

午後に、祖母と母が何やら慌ただしくしているので、平野さんがどうしたのかと訊ねると、若い衆が大怪我をしたとの返事だった。その一報を聞いて、親方である平野さんの父親も現場へと駆けつけていった。

母親は他の若い衆のために夕食の支度があるので、祖母とともに家でソワソワしながら待っていると、夕方怪我をした若い衆と父親が帰ってきた。見ると若い衆の左手には分厚く包帯が巻かれ、青ざめた顔をしている。彼は促されて祖父の部屋だった和室へ入っていった。

平野さんにも、祖父の鑿の関係だろうということは察せられた。

それから一時間ほどすると、他の若い衆も全員帰ってきた。彼らは居間で何やら話をしていたが、漏れ聞こえる内容によれば、若い衆が左人差し指を落とす大怪我をしたということだった。

祖父の部屋から出てきた二人も居間に戻ってきた。

平野さんの父親は、全員揃っていることを確認すると、淡々と話を始めた。

「俺は今まで因縁とか憑き物とかの類は信じていなかった。今でも信じている訳ではないんだが――実は今日こいつが使った鑿は、先代の時代にいた若い衆が巣立つときに贈った物なんだ」

父親――親方はそう言って渋い顔を見せた。

「それから三年ほど経った頃だったか。その若い衆がこの鑿で自分の首を突いて、命を絶ってしまってな。親父と俺はその後始末へ行ったときに、血塗れのこの鑿を持ち帰って綺麗に洗って研ぎ直したんだ。供養のためって言って、親父は自分の道具箱にこれを入れて、いつも持ち歩いていたんだ。今までも黙ってこの鑿を持ち出した若い衆は、全員大怪我をして職人生命を絶たれててな――職人にとって道具は命と同じだ。だから自分の道具以外はお前達も絶対に使うものじゃないんだ」

　そう言って立ち上がると、彼は居間を後にした。

　残された若い衆達は夕飯になるまで、小声で自分達の見解を言い合っていた。単なる偶然だという者もあれば怖がる者もいたが、その中でヨシ坊という跳ねっ返りが何も口に出さずに何かをじっと考え込んでいるのが、平野さんには酷く気になった。

　翌日、他の若い衆に、こっそりと昨夜のヨシ坊の様子を訊いてみたが、奴はずっと目だけをぎらぎらさせて、時々にやけ顔で何やら小声で呟いていたので、気持ちが悪かったと教えてくれた。

　違和感が拭いきれず、平野さんは何も起こらなければ良いなと祈るばかりだった。

　だがそれから数日して、ヨシ坊が先日の鑿を無断で持ち出し、現場で指を落とすという大怪我を負った。親方として、父親は少なからぬショックを受けていたようだった。

落ち着いた頃に、怪我をした二人の若い衆は郷里へと帰った。

それから父はその鑿を綺麗に洗って研ぎ直し、付き合いのあったお寺で供養をしてもらった。鑿は祖父の道具箱へと戻して鍵を掛けた。再び使えないようにとの配慮だろう。

残った若い衆も、流石に同じことが二度も続いたので、もう触ろうとする者もいなかった。


更に月日が経った。平野さんも高校三年生になっていた。

その頃には家で修行をしていた若い衆も全員巣立っていた。

平野さんの父親も肩の荷を下ろしたようで、これからは若い衆は抱えずに、のんびりと一人親方で余生を過ごすと決めたようだった。

いつも賑やかだった家が家族だけになり、その寂しさに少し慣れてきた頃、突然巣立ったはずの若い衆が一人、家を訪ねてきた。

久しぶりに会うその人は、仕事で失敗でもしたのか、人間関係で心をすり減らしたのか、すっかりやつれ果てているようだった。

彼は何やら父に相談していたが、結果として暫く住み込みで働くことになった。

それから半年は特に問題もなかった。彼はよく働いたし、次第にささくれていた心も穏やかに変わっているように見えた。

さらに半年が過ぎた頃、夕方に平野さんが学校から帰ると、家の前に救急車が止まっていた。

彼女が慌てて家に入ると、部屋は血の海だった。件の職人が、救急隊員にストレッチャーで運ばれていくところだった。

何が起きたのかと母親に訊ねても、呆然として受け答えもできないような状態だった。父親からも電話があったが、仕事場から直接病院に向かうとのことだった。

母親が落ち着いた頃に事情を訊いたところ、職人さんが何か薬を沢山飲んだ末に、父親の部屋に押し込み、祖父の道具箱を探し当て、鍵を壊して鑿を引っ張り出すと、突然自分の首を突いたとのことだった。

彼が血を迸《ほとばし》らせながら居間まで歩いてきて倒れたので、救急車を呼んだという顛末だったらしい。

東京の生活にも仕事でも思ったようにいかずに、思い詰めていたようだったと母親は言った。しかし平野さんには、職人がそこまで思い詰めていた印象がなかったので、いつまでもモヤモヤと割り切れなさが残ったという。

後日、平野さんと二人きりのときに、父親が事件のことを思い出したように呟いたのが印象に残っているという。

「親父のときの若い衆も、俺のときの若い衆も、同じ鑿で同じ死に方をしたのは、何なんだろうな」

平野さんは父親に、〈偶然だよ〉と言おうかとも思ったが、思い詰めたような父親の様子に、結局声を掛けることはできなかった。

その後、鑿は道具箱ごとお寺で引き取ってもらい、念入りに供養をしてもらったという。

ソノ道ヲ具ニ

――　奇譚ルポルタージュ

今回のテーマは〈道具〉であるという。

道具という言葉には様々な内容が含まれており、修法の法具等を意味することもある。また、古今東西、道具に纏わる怪異譚は数多い。真っ先に思いつくのは付喪神《つくもがみ》であろうか。付喪神は長年使われた道具に精霊が宿ったものである。九十九神とも書く。取材をしているとそういった類の話も耳にする。近年では通信機器やＩＴ機器（電話機器やスマートフォンやパソコン等）だと新品、リユース品問わず不可思議譚も増えている。

また、刀剣や拳銃など、人を殺傷せしめる物に関しても幾つか耳にした。それだけではなく、呪い（まじない）に用いるもの、或いは呪詛を掛けた・掛けられたものも数多く存在する。魔法具の話も聞いたことがあった。他、予想も付かないエピソードを内包する道具類も存在する（前述した話のルポは別の機会に譲りたい）。

怪奇アンソロジーのテーマとして、道具というのは実に興味深いものだろう。

＊

小野さんという人物がいる。七十の声が近付く男性だが、実に溌剌《はつらつ》として元気だ。珈琲を飲みながら雑談を交わしているとき、仕事はどう？　と訊かれた。お陰様でと答えつつ、小野さんはどうですか？　と水を向けた。大丈夫だよと彼が笑う。小野さんの生業は、自身の身体とともに五感をフル活用しなくてはならないものだ（守秘義務もある職業なのでここでは職種含めて言及しない）。だから体調不良が起こると色々苦労する。理由は商売道具たる身体と五感が鈍るから、ということだった。

「病気や怪我はアレだけど、他の原因から生じる不調なら、僕は大丈夫なんだよ」

何故、大丈夫なのか。そういえば話してなかったねと、彼がこんな話を教えてくれた。

仕事柄、小野さんは人と直に会うことが多い。まだ若い頃、彼はあることに気付いた。一部のクライアントと顔を合わせると、直後に体調不良を起こす。その様子を見た先輩が「そういう輩は人を喰う奴だ」という。

人を喰う――近くにいる人間の運気や生命力を喰う、ことを指すらしい。要するに他人の運気や生命力を奪い取って自分の物にするのだ。それだけに止まらず、人を喰う連中は自分の背負った〈悪いモノ〉を奪った相手に押し付けてくる。運気と生命力を喰われ、悪いモノを押し付けられた人は、目に見えて不幸に見舞われてしまう。

先輩が具体例を幾つも教えてくれた。そして、その例に出てくる人物の数名と会うと体調がおかしくなることに改めて気付いた。

「だから、僕らは対策を講じなくてはいけない」

幾つかの方法を教えてもらってから、小野さんは随分楽になった。


この先輩から教わった対策法があるから、僕は今も大丈夫なんだよと彼は断言する。

人を喰う相手以外に、土地や物、おおよそ〈悪い物〉全般に効く方法だと言う。その対策法について教わったが非公開に、と頼まれた。

「気軽にやって、おかしくなる人がいるかもしれないから」とのことである。生兵法は怪我の元、ということだろう。筆者に類似のことが起こったら人体実験として真似をしてもいいかと訊ねてみた。小野さんは「してみて良いが君に必要ない」と頬を緩める。

「これから道はまだまだ続くからね。心も身体も大事な仕事道具。僕も君もそこを忘れないようにしないとね」と小野さんから労りの言葉を頂いた。

＊

前述の小野さんから、ある人物を紹介された。

その方の知り合いの某が自死したという。

世界的疫病が流行る少し前、某は飲食店を始めた。だが、少し経つと疫病の影響で客が激減していく。その時点では支援や保証もギリギリ受けられない状況だったらしい。店は廃業。残ったのは開業資金などの大きな借金だけで、進退窮まっての自殺だったようだ。

〈現場は某の店で、仕事道具である利き手を包丁で何度も刺した。その後首の一部を切ったが死にきれなかったようで、天井近くにある配管で首を吊った〉

状況が状況だったが、遺書があったため、自殺として処理された。

話をしてくれた方曰く。

「伝聞だからこの全てが真実か知らない。しかし、利き手を傷つけた後に自らの首を切る。そしてその状態で、首を吊れるのだろうか？　素人の自分には分からない何かがあるのだろうか？」

某の店は貸しテナントになった。

借り手はいないようで、いつまでも空き店舗である。が、こんな後日談があった。

ある人物と某を知る友人知人は夜中に某の店の前を通ることがある。仕事を終えた帰り道だからだ。その店の前を通るたびに、全員の喉が酷く渇いた。近くのコンビニに飛び込み飲み物を買って飲み干すが、一向に渇きは収まらない。ペットボトル三、四本飲んで、漸く人心地つく。飲みたくなるのは水かお茶で、他のものは一切受け付けない。口にしただけですぐ吐き出してしまう。特に酒類は顕著で、缶の蓋を開けただけで嘔吐《えず》いてしまうほどだった。

これは死んだ某が水かお茶を欲しがっているのだろうと水やお茶のお供え物をしてみたが、やはり店の前を通るたびに渇く。だから今は帰宅する道を変えてしまった。

以来、渇きに悩まされることはなくなった。

一つ言えば、某の店を目にして渇きを覚えるのは、この話を教えてくれた方と某を知る友人知人だけである。某を知らない他の人間は一切そんなことがない。

また、渇きを覚えた人達は、以前某から借金を申し込まれたり、相談をされたりしていた。時期が時期だけに、誰も某を助けられなかったという。

現在も某の店は貸しテナントである。

＊

小野さんのルートで繋がった人に、種子田さんという人物がいる。

その彼からこんな話を伺うことができた。


十五年と少し前、種子田さんが三十四歳の頃だ。

勤めていたのは、自社デザイン・設計・ハンドメイドを売りにした木工関連の会社である。彼はデザイナー兼設計であるが、場合によっては加工などの作業も行う。謂わば三刀流以上の仕事を受け持っており、八面六臂《ろっぴ》の活躍をしていた。

ところがあるとき、その会社を辞めた。お客様優先の真っ当な商売をしていたはずが、経営陣の一部が変わった途端、儲け第一主義に変わってしまったからだ。

客を騙してでも売上げを確保しろ、の命令に種子田さんは納得できなかったのである。

独立を決定したものの、工房兼自宅の選定から始めなくてはいけなかった。

その頃は相手有責で離婚をしていたため家族のことを考えなくて良かった。

とはいえ、ある程度の広さが必要なので物件選びはかなり難航した。

当然工房としての体裁を整えるため、改築と機材の設置をしなくてはならない。加えて必要機材には稼働時に酷く煩い物が多くある。だから各種条件の中で重要なのは〈周囲に他の家や建物が少なく、自由な改築が可能なもの〉だった。

更に、自分を育ててくれた会社へ一応の義理で、競合しない場所を選ぶ必要があった。客の奪い合いが起こる可能性があったからだ。

結果、街中から離れた一戸建ての中古住宅を買うしかなくなった。

最初は種子田さんの実家近くを探したが、条件にそぐわない。仕方なく範囲を広げていった結果、ある地方都市の外れになってしまった。


不動産へ問い合わせる中、条件に合致しそうな出物が現れた。

他からも引き合いが来ていると言われたことで焦りが生じる。現物を少し見て、すぐ決めてしまった。何となくだが、この中古住宅が最適解だと思ってしまったからだった（後に「他から来ている、と言うのは不動産の常套句《じょうとうく》だった」と種子田さんは気付いた）。

物件が決まり、ローンを組んだ。二階建ての中古住宅に土地代、改築費用込みの価格で、十五年もあれば完済可能である、と言えばかなり安い部類だと分かるだろうか。

二階を住居に、一階を工房とした。庭だった部分を潰し駐車場を用意したが、自家用車のワゴンを止めてもまだ数台は収容可能な広さがある。砂利を敷き、外来の客用駐車場として整えた。周りは目隠しの植え込みだったが、車の出入りを優先して撤去。防音の意味を込めてブロック塀を設《しつら》え直しておいた。

とはいえ周囲は防風林付きの農家がポツポツある程度だ。夜中に作業しても咎《とが》められないくらいの閑散とした地域だから、音はあまり気にしなくて良さそうだった。問題は最寄り駅から乗り物を使わないと辿り着けない不便さだろう。当然周辺地域に顧客も望めない。大手メーカーの下請けをこなしながら、ネットを介しての注文及び修理を全国から受け付けるようにした。

最初こそ問い合わせすらなかったが、次第に受注数も増え、忙しくなっていく。

営業職の経験はなかったが、前の会社で顧客と対面打ち合わせをしていたおかげで、メールや電話での対応はそれなりにこなせていた。

商品に惚れ込んで直接足を運んでくれるリピーターも増えていく。

ところが開業から半年も経たない内に、繰り返しトラブルが襲ってくるようになった。

まず、顧客からのメールが届かなくなった。自動振り分けのエラーで迷惑メールへ収納されていたせいもあったが、大部分は受け取れてさえいない。客から直接電話を貰ってそれが判明したのだ。メーラーなどの設定を変えても同じことが繰り返された。

そして会社員時代から使っていた工具類が不自然に錆びるようになった。

使用後にきちんと手入れすることは身体に染みついた癖になっている。それなのに赤茶けた錆が浮くのだ。そればかりか刃部分に覚えのない刃毀れを見つけることもあった。

　また、新品或いは中古で購入した各種機材が故障を繰り返した。

　調べて見ると内部の部品が壊れていたり、電子制御部分のケーブルが不自然に外れていたりと物理的原因だった。自分で補修できる部分は手を入れたが、それでも不具合は頻発した。新品購入の機材は初期不良、中古機材は販売前メンテナンスの問題ではないかとそれぞれ問い合わせをし、担当者から直に見てもらったが答えは同じだった。

「ちょっと考えられない壊れ方です」

　それぞれ改めて調査をしてもらったが、明確な回答は得られない。代わりに無償修理や部品交換対応でお茶を濁された。それでも機材のトラブルは続く。一部は機械そのものの返品交換、或いは他のメーカーへ切り替えたのだが、それでも異様とも言える原因不明の壊れ方をした。種子田さんの使用法がおかしいのではないかと調査が入ったほどだったが、すぐに疑いは晴れた。常識の範囲内の使い方でしかなかったからだ。

　ほとほと困り果てることが連続したが、何故か仕事のほうは順調に顧客が増えていった。

　道具や機械のトラブル数と反比例するかのようだった。

　一年半が過ぎると、工具や機材の故障は明らかに減った。

工具のリペアや機材の修理費が減ってきた分、余裕ができる。独り身の寂しさから、種子田さんはペットを飼うようになった。

最初は保護猫を引き取った。だから、既に成猫だった。だが、一カ月を待たない内にいなくなった。戸締まりをしていたから何処から逃げ出したか分からない。

二度と戻ってこなかったので、野良へ戻ってしまったのかと心を痛めてしまう。もし他人に飼われているのならそれでも良かった。しかし、それから十日ほどして工房裏にその猫が倒れているのを見つけた。既に亡くなっており、一部は腐敗が始まっていた。

工房裏は仕事の都合上良く足を運んでいたし、ここまで腐敗臭が漂っていれば気付かないはずはない。しかし、その日まで一切猫の存在は目に入っていなかった。

遺体は荼毘《だび》に付し、骨を自宅に安置した。

次も猫を飼った。しかし先代の猫と全く同じだった。

逃げ出してから数日後、工房裏で遺体を見つけたのだ。

二度と猫は飼えないと思った彼は、次にインコを迎え入れた。

二階の住居部分で籠に入れ、きちんと世話をしていたが、知らぬ内に亡くなっていた。

仕事の途中に二階へ上がったとき、籠の底トレイに乗せたスノコに落ちているのを見つけたのだ。朝、仕事に入るまでは元気だったはずだった。

次に金魚数匹を水槽で飼ったが、やはり一週間待たずに全部死んでしまう。

種子田さんは、二度とペットは飼わないと決めた。

皮肉なことに仕事が忙しくなり、世話も難しくなってきたことも理由の一つになった。


独立から二年半も過ぎると、仕事が軌道へ乗ってくる。

思ったより早く住宅や改装費用、機材のローンは返し終えられそうだった。

工房として買ったここが完全に自分の物になる。更なる業務の拡大が望める足がかりになると容易に想像できた。そこで一人、アルバイトを雇うことにした。

種子田さんの仕事で使うスキルを教える専門学校があるが、そこ出身の若い男性である。

真面目が取り柄のような木訥《ぼくとつ》な感じで口下手、背が高い痩せ型だった。

卒業後に上手く就職できず、フリーターをしていたと聞く。ここでスキルアップをさせ、行く行くは支店を出し彼にそこを任せる。そんな期待込みの長期計画用の雇用だった。

バイトは毎日希望に満ち溢れた顔で種子田さんから様々なことを学び取っていく。

ところが、その彼は三カ月で辞めた。

たった一人の親が事故に遭い、世話をするため出身地へ帰るからだった。

次に雇ったアルバイトは口が上手いタイプだった。そして嘘をよく吐いた。

性格に難があると思っていた矢先、彼が工房の資金を着服しようとしたので解雇せざるを得なかった。警察沙汰にしなかったのはせめてもの情けだったが、それが彼にとってプラスになったか分からない。

三人目は色々なことを突き詰める職人タイプだった。

性格も合うので色々なことを教えていたが、二カ月半くらいで退職してしまった。退勤時に自損事故を起こし、利き手を失ったためだ。辞める際、そのバイトの落ち込んだ姿は見ていられないほどだったという。

それからも二人ほど雇ったが、一人は病で離脱。もう一人は仕事中、突然失踪して帰ってこなかった。連絡も取れないので仕事した分の給金は振り込んでおいた。念のためその後も数回携帯へ電話を掛けてみたが、最後は解約されたのか通じなくなっていた。

これ以降は数日で逃げ出すような輩しか来なかったので、途中から求人を諦めてしまった。だが、仕事は増えていく。受注数をセーブする他なくなった。

それでも「種子田さんのところに頼みたい」という声は引きも切らず、顧客が増えていく一方だ。中には「年単位で待つ」という人すら現れる始末だった。

四年目が過ぎた頃、工房は事務担当を雇わないと首が回らないレベルになっていた。

事務職として雇った女性は二十代の明るい性格で、仕事もできる。シングルマザーだと聞いているが、あまり立ち入るのは良くないとその件に関しては話題に出さなかった。雇い入れてから半年が過ぎた頃、事務職の女性が明らかな好意を種子田さんへ向けてくるようになった。離婚歴がある彼は、二度と結婚はしないと決めていた。再び同じ轍《てつ》を踏みたくないからだ。だから相手の態度には一切反応をしないよう心掛けた。

しかし彼女は「娘にもお父さんがいるといいんだけどなぁ」と暗に仄めかしてくる。それでも無視を決めこむしかない。ところがあるとき、ほんのちょっとしたきっかけで種子田さんは事務職の女性と男女の仲になった。

種子田さんが責任を取る覚悟を決めた頃、事務職の女性の娘が難病指定された。

関西の実家へ戻り、親の助けを借りて育てると彼女は言う。

それならここで一緒に暮らせばいいと言うのだが、首を頑として縦に振らない。口喧嘩も増えていく。この頃、事務職の女性の性格が変わってきたように感じられた。明るさはなくなり、口を開けば愚痴と「どうして私は幸せになれないのか。世の中は不公平だ」と繰り返した。まるで別人のようだった。

だが、ある日を境に彼女は出勤すらしなくなった。

電話を掛けると、関西へ娘と戻っていると言う。別れるのは辛いが、これがいいのだと彼女は言った。が、その口で『退職金なんだけど』と切り出される。

手切れ金だというニュアンスが含まれており、急に嫌気が差してしまった。給料とともに多めの退職金を振り込むと、連絡は途絶えた。案ずる気持ちから相手に近況を訊こうと連絡しても、着信拒否などをされているようだった。

その後、既婚者の女性を新たに雇い入れた。決して間違いのないように、だ。

二カ月もすると当人が体調を崩し、辞表を出してくる。引き留められない事情なので、大人しく受け取った。

次に雇った事務職は突然家族が重い病に罹った。介護の必要ありとのことで離職していく。採用から三カ月も経たないタイミングだった。

その後も様々な理由で事務の人間が長続きしない。結局、種子田さんが無理して自ら事務処理するか、期間限定で事務職を雇うかして凌ぐことになった。

それでも売上げは伸びていく一方だった。


七年が過ぎた頃、中古住宅のローンを払い終えた。

全てが自分の物となったが、人を育てられなかったことと、正社員としての事務職がいないことで、支店計画は足踏み状態になっていた。

この時期、仕事関係外の女性と交際したことが三度ほどあった。

一人目は「仕事と私、どっちが大事なのか」と文句を言われて別れた。

二人目は仕事への理解はあったが、知らない内に二股を掛けられていた。彼女は二股相手を選んで、種子田さんから離れていった。

三人目は、二階の部屋で二人食事をしているときに突然立ち上がり、そのままバッグを持つと何も言わずに家を出て行った。後を追いかけたが何処にもいない。家に戻って相手の携帯に電話を掛けると、後ろから振動音が聞こえる。振り返ると、押し入れの戸が大人の顔の幅に開いており、そこからこちらを覗く彼女と目が合った。いつの間に戻ったのか分からない。押し入れから出てきた彼女は何故か半裸だったが、いそいそと服を身に着け帰っていった。もう付き合えないなと電話で別れ話をすると、あっさり身を引いた。

一人目は一カ月目で、まだ手を繋《つな》いだくらいの時期だ。

二人目は二カ月少しで、もう少しで男女の仲になりそうだった。

三人目は泊まりに来るような間柄で、四カ月ほど付き合っていた。

十一年目を迎えた頃、種子田さんはある決意をした。

今の仕事を畳み、新しい業種の会社を作ることを、だ。

独立から無我夢中でひた走ってきたから息切れしてしまった。そして後釜を育てられなかった以上、他の仕事を新たに始めてもいいのではないかと思った、とは彼の弁だ。次は全く無関係な飲食の店がやってみたいと目論んだのである。

地方都市の一角に目星を付けた物件があった。居抜きで手に入れられるものだ。経営に関する各種許可に関しても調べ上げている。店長や料理人候補も声掛けし終えていた。

今の工房を手放すと決めて、上物及び機材含めて誰か買わないかと募集してみると、複数の問い合わせがあった。ただし、これまでの顧客データとともに売ってくれというのが大半だ。道理としてそれは認められないのが種子田さんだ。だから断ることが多かった。

こうなってしまうと、建屋を潰し更地にして手放したほうが良いだろう。

贔屓《ひいき》にして下さったお客や関係各位に廃業の旨を連絡しようとしていた矢先だった。

自動車事故に遭った。

九死に一生を得るような状態であったが、何故か頭部と手は無事だった。

ただ、足に多少の後遺症が出た。そして長い時間復帰できなかったため、飲食関連の話も計画も白紙に戻されていた。当然、自分が立ち上げた工房も顧客が離れている。こうなってしまうと、どうしようもない。

幸いなことに蓄えがあったので、改めて飲食の話を纏め始めた。同時に工房を辞めることを各所に連絡したが、さほど問題は起こらなかったことが救いだった。

新居に移ってから工房を解体、更地にした翌日だった。種子田さんは再び事故に遭った。

今度はそこまで酷くなかったが、何故か両手に痺れが残り、視力が落ちた。

以前の仕事なら問題があるが、飲食の店のオーナーをやるなら問題なしと判断し、本腰を入れて開店準備を始めた頃、再び大怪我を負った。自宅の階段から落ちたのである。見え辛くなった目と、手摺りを掴む手に力が入らなかったことが原因だ。

この怪我のため店を開く段取りに長く手間取ってしまった。その内、世界的疫病が蔓延し、飲食関係を始めとしたサービス業は大ダメージを負った。

これにより開業計画は暗礁に乗り上げ、結果、彼は無職となったのである。

＊

種子田さんと直に顔を合わせられたのは、二〇二三年も後半に入る頃だ。

それまでは電話やメールでのやりとりだった。お互い顔を知らず、待ち合わせ場所で向こうから声を掛けられて初めて認識できた。

その際、彼から突然こんなことを訊かれた。

「自己流の験担ぎやルーティンがあるのだが、それは正しい方法なのか？」

職人や専門職には独自の験担ぎやルーティン、ルールを設ける人は少なくない。種子田さんもまた、そういう類のものを幾つか行っていた。

彼が行う験担ぎ・ルーティンとは以下の通りである。

・新しい道具を買ったら、自分が使いやすいようにカスタマイズして、ひと晩寝かせる。
・中古の道具を買ったら、カスタマイズ前に風と太陽光を浴びせる。
・中古住宅や借家、賃貸しマンションに入居したら水回りに塩を盛り、家中に風を通す。
・仕事を終えたら道具と仕事場に礼を述べ、その場で水を一杯飲む。

門外漢の筆者からすれば、正しいと明言できないことが多い。だから分からないと伝えた。納得したようなしないような顔を浮かべた後、彼は教えてくれた。

「――実は、あの工房ではこれを一切やらなかった」

どうしてなのか、彼自身も分かっていない。急いでいたから、焦っていたから、独立で浮き足立っていたからだろうと自己分析している。だが、常に細やかな彼のことだから、それも理由としては弱い。

「験担ぎやルーティンをやらなかったから、様々なトラブルが舞い込んだのだろうか」

そんなふうに訊ねられたが、答える言葉が出てこなかった。

当時の工房について、他にも色々教えて頂いた。

工房の中に虫が沢山出ていたこと。敷地内に小さな野鳥らしき死骸が時々落ちていたこと。そして、誰かが無断で敷地内に侵入してきて、窓などから中を覗かれることが多かったこと。ただ、怒って外に出ても誰もいないことが偶にあった。因みに土地も建屋も曰く付きではない、俗に言う方角的な瑕疵《かし》もない、とは種子田さんの弁である。

この工房を外から目にして「傾いて見える」と言った人達がいた。彼らは漏れなく大怪我を負った。そして、二度とここへ来ない、或いは来られなくなった。工房を解体するまでの間に、確実に六人はいたはずだ。因みに種田さん自身は「真っ直ぐ建っていた」と証言している。

最後に傾いて見えると言ったのは工房を買いたいと言って訪ねてきた人だった。

その後は連絡が途絶えたので、その人が七人目になったのかは分からない。

それから少しして、種子田さんは件の事故に遭った。

今、彼は小さな会社に所属し、木工関係のデザインと設計を行っている。

商売道具の目と指先はぼやけた感じで鈍くなった。加えて事故や怪我の後遺症か、偏頭痛持ちになっている。吐き気すら催す頭痛だと言う。このように不調は多いが、パソコンなどを用いて行うデザインと設計ならまだやれた。今は３Ｄプリンタによる試作部品製作技術も身に着けだしたと彼は笑う。そして、本音はと前置きして、こう漏らした。

「頭痛はさておき、やはり目、指と手の感覚が戻ればなぁと思いますよ」

＊

少し前、小野さんと会った。

種子田さん本人から概略を訊いていた彼は「そういえば僕、種子田さんの工房へ行けなかったんだよね」と顔を曇らせる。訪ねようとするたび、急用が入ったり、周りのトラブルが起こったりして予定が潰れることが理由だった。

「あと、彼の顔が以前と変わってね。痩せた上、こう……目がね」

小野さんが向けたスマートフォンの画面に柔和な表情の男性が表示されていた。

それが種子田さんだと言うが、筆者が会った今の彼とは全く異なっている。

本当に、別人にしか見えなかった。

孫の手

高校の同級生のマユミから聞いた話。

マユミには四歳年下のスグルという弟がいた。

「うちの父方の家系は男が少なくてね、スグルは父方の祖父に随分可愛がられたのよ」

当然のように、孫のスグルはおじいちゃんが大好きになり、盆正月に帰省するときには、必ずお土産を持っていった。

ある日、マユミ達親子は東北地方に旅行に行き、古民家宿に泊まった。

「弟がね、神棚の真下にぶら下げてあった孫の手を気に入ってしまって、『じいちゃんにあげるんだい！』と言って放さなかったの」

それは売り物ではなかった。父親が宿の主に交渉したが、主は売るのを渋った。

「有名な職人が作った高価な一品という感じでもないの。こっちは言い値で買うと言っているのに渋るわけ。変なオヤジだなと、あのときは思ったんだけど」

結局、主は根負けして、『大事に使う』ことを条件に、ただで譲ってくれたという。

「弟は、次の帰省を待ちきれずに、母に頼んで宅配便で祖父にその孫の手を送ったの。じいちゃん、随分喜んでた」

毎日使っていると、祖母から電話で連絡があり、マユミの両親も良いことをしたと思っていた。

だが、それから数週間後、スグルが交通事故で急死した。

祖父は一カ月近く寝込んでしまい、そのまま逝ってしまうのではないかと、マユミ達は心配した。

「でも、あの孫の手を使いだして、『スグルが戻ってきた』と言って急に元気になったの」

祖父が言うには、あの孫の手で背中を掻いていると、別の場所も掻かれている感じがすると言うのだ。

「それがスグルの手だって言うのよ」

心配したマユミの父親が医者に訊ねると、放散痛の一種ではないかとのこと。放散痛とは、例えば胃が悪いのに肩が痛くなるという症状。

「結局、祖父が元気になっているんだから、黙って様子を見ようってことになったの」

ある日、マユミは偶然、祖父からの電話に出た。

「今日、スグルが現れたら、手鏡で姿を見てやるって言うのよ。私は直感で、『止めたほうがいいよ』って言ったんだけど」

翌日、祖父の訃報が届いた。死因ははっきりせず、心不全とされた。

「裏庭の焚火に、孫の手の燃え残りがあったって。手の部分が残っていたらしいの。じいちゃんが燃やしたらしいんだけど」

父親があの古民家宿の主に、祖父の死と孫の手が燃やされたことを電話で話したら、お悔やみどころか、「大事に使って下さいと言ったはずです」と言われたという。

その古民家宿は、もうないらしい。

御頭憑き

あかりさんの家は、商店街で魚屋を営んでいる。


年末になると特に忙しい日々。

幼少期のあかりさんも店に並び、ゴミ集めなどの簡単なお手伝いをした。

刺身の注文がよく入り、刺身を担当している祖父は忙しく動いていた。

サクで身を切り出せば、後の骨やら頭はゴミ箱行き。そのはずだった。


日も暮れて大晦日の営業が終わる。次は年が明けて五日からの営業だ。

いつもより丁寧に掃除を終わらせ、父は商店街の役回りへ。女手は台所へと向かった。

あかりさんがふと店のほうを見ると、祖父が何やら作業をしていた。

「おじいちゃんはこれから包丁研ぐから危ないわよ」

「これからやるの？」

「その年のケガレを落とすんだって。ほら行くわよ」

もう一度店を見ると、祖父は陳列台に魚の頭を並べていた。

包丁を研ぐこととは全く違う行為に目が離せなくなる。

「あかり！　早く来なさい！」

動こうとしないあかりさんを、母親は引き摺るようにしてその場から離した。


年越しの慌ただしさの中、祖父が団欒《だんらん》に混ざったのは年が変わった頃であった。


元日の朝、あかりさんは陳列台に並べていた頭を思い出す。

店をこっそり覗くと、うす暗い店内で何かの音がしていた。

ぱ……ぱ…………。

ぱ…………ぱ……ぱ…………。

シンクに水が落ちるような音が気になり、歩きだした。

店の中ほどまで来ると、音の正体が分かった。

――魚の頭が、動いている。

陳列台に並べられた沢山の頭。

それが口をぱくぱくとさせて、震えているのだ。

目は生きているかのようにギョロギョロとこちらを見つめてくる。

「おぉ、動いたな」

いつの間にか後ろに祖父が立っていた。

「おじいちゃん！　何これ、生きてるよ！」

「これは商売繁盛の神様が憑いたんだ。だからここから逃げないようにしないとな」

そう言って祖父は柳刃包丁を手にした。

研ぎたてなのだろう。長い刀身がてらてらと光り、狙いを定めてから振り下ろされる。

脈打つように震える頭を一心不乱に刺す、祖父の姿。

次第に何も聞こえなくなり、店には静寂が訪れた。

「これで、今年も商売繁盛だ」

団子のように串刺しになった頭。

動くことはなく、正に死んだ魚の目をしていたという。


あかりさんは年末年始が近付くと、毎年この光景を思い出すらしい。

今では代替わりして父親が大晦日に包丁を研いでいるというが、あかりさんは決して店を覗かないようにしている。

バケツに棲むもの

安田さんの父親は五十過ぎで癌になり、緩和ケアのために入院していたが、その末期のときに折り入って話があると携帯に連絡があった。

入院先の病室に「一人で来るように」とのこと。

安田さんは成人式を終えた直後で、恐らくもう一人前だからということで、何か話し辛いことを打ち明けられるのかもと、いささか緊張して赴いた。

入り組んだ病院内で、やや他所とは違ってこざっぱりとした内装の廊下を進む。

何度も訪れた個室のドアを開けると、父親はベッド横に座ってペットボトルのお茶を飲んでいた。

「……来たよ」

「来たな」と言って、病人の癖にニヤニヤする。

「まあ、座れ」

「……今日は、痛みは？」備え付けの椅子に座りながら訊くと、

「モルヒネが効いていて大丈夫だ」

「そう」

「そうだ、これは見たか？」と、急にベッドの足元にあるＤＶＤプレーヤーから、ディスクを取って差し出した。

ケースはすぐ捨ててしまう人なので、ディスクに印刷してあるタイトルを見ると、シリーズものの心霊ＤＶＤだった。

「相変わらず、好きだなあ」

死にかけている人間が、何てものを見ているんだと思ったが、

「お前も興味あったろう？」

「まあね」

今でも怪談の文庫は、欠かさずに買っている。……以前は全部、父親のお下がりだった。

「見ていないなら、持って帰れ。今回のは割と怖い。というか、そこにあるのは何度も見たから全部やるよ」

「ありがとう……」

まさか、このために呼んだんじゃないだろうな、と思っていると、

「お前は、お前の兄貴達と違って怪奇なものを馬鹿にしなかったから、俺は嬉しかったんだよ。俺は、常識的な人間には、とうとうなれなかったし、そういう……怪奇好きのミー

ムっていうのが、残っていくようでな。……で、だ。だからという訳ではないけれど、本当に怪奇なものを見たくなったら、これを使え」

「え？」

何かが入った茶封筒を差し出された。厚みがあって、表面が凸凹している。大まかな形から、紙を束ねるクリップのようなものに思えた。

「俺の怪奇趣味には、母さんも含めてみんな辟易《へきえき》していると思うんだが、それには原因があるんだ。……念を押しておくが、本気で怪異を見たいと思ったときは、これを使って見せてもらえ」

「これって……」

「『ダルマ』だ」

「ダルマ？」

「中に俺の幼馴染みの住所と氏名、電話番号のメモが一緒に入っている。……見たくなったら、『ダルマを持っています』と言えば、見せてくれる」

「……何を言っているのか、よく分からないよ」

父親はまたニヤニヤ笑いを始めて、

「今言ったことだけ憶えておけばいい。まあ、それは割り符というか、許可証というか、中学生だった頃の俺達が決めたルールだから、今更ながら気恥ずかしいな。しかし、自分の子孫には権利を譲れるって言う条項を入れたのは正解だったな」

そして、ぶつぶつと「あれ？　誰が入れたんだっけ？」と呟くと、疲れてきたのか横になると言い出した。

「用事はそれだけだ。なくすなよ」

痛みが出たのかもしれないと思い、茶封筒を鞄に収めると、それ以上は訊かずに病室を出た。


そういう話をして一週間も経たずに、父親は容態が急変して亡くなってしまった。

葬儀など済ませ、落ち着いてから改めて茶封筒を開けてみたが、中にはビニールに包まれた、古ぼけたブリキ製と思われる金属片が入っていた。何かの部品のようで、ビス螺子《ねじ》を外した跡がある。上部には穴があり、大まかな形は瓢簞《ひょうたん》型で、確かにダルマのように見えないこともない。

「……割り符？」

そうだとすると、同じような物がもう一つ以上はあるということになるが……。

また、名刺入れのような小さなケースも入っており、父親が言っていたように、誰かの住所等が書かれたカードが納められていた。

変わった名字だったのだが、それには見覚えがあった。しかも、最近だ。

会葬者名簿を当たってみると、その名前はすぐに見つかった。

猩々《しょうじょう》貞則。

供花もしてくれていたので、お礼状を書いたのだった。

住所は、父親の実家のある場所の、すぐ近くだった。幼馴染みだと言っていたから、多分家業か何かを継いだのかもしれないな、と思った。

しかし……一体、この割り符を持っていくと、何を見せてくれると言うのだろうか？

だが、実際問題、だからと言って見ず知らずの人を訪ねていく勇気はなかなか出ない。

また、そのきっかけもなく、時間は過ぎていった。


安田さんは大学で、オカルト研究会に入っていた。割と古くからあるサークルで、最近では色々使い回せる、心霊スポット動画などを撮影することが流行っており、寧ろ主流となっていた。

書籍派の安田さんはマイノリティなのだが、その動画の上映会には再三付き合わされた。

だが、

「ここら辺がモヤっている」

「今、何か飛んだ」

「この辺が顔に見える」

「影が動いた」

等々、はっきりしないものばかりで、段々と時間の無駄なんじゃないかと思えてきた。

上映後の意見交換で、どうも型に嵌まった見方ばかりで、それでいいのだろうか。動画の本数ばかり増えても、それは研究会の趣旨に添うものなのか、と言うようなことを遠回しに話したのだが、それが反感を買ってしまった。

だからと言って、自分が何か提供できる訳でもないので、忸怩《じくじ》としていると、

「そうだ。あれがあったな」

と、〈ダルマ〉のことを思い出した。


春休みに入り、祖父祖母の住まう父親の実家を訪ねた。

二人とも七十過ぎだが健在で、まだ畑仕事をこなしている。と言っても、大きめの家庭菜園で、今は年金暮らしだった。

家は完全に昭和の造りで、内部も何処かで時が止まってしまっている感じだった。父親

の勉強机がまだ置いてあったり、壁にペナントが貼ってあったり。

　夕食前に祖父と話した。

「猩々さんの家に行くんだって？」

「うん」

　来訪目的は正直に伝えてあった。無論、〈ダルマ〉のことは内緒である。

「あそこは小さな雑貨屋だったのを、貞則さんが頑張って、今ではこの辺りのコンビニ三軒のオーナーだな。不動産業もやっている」

「お父さんの幼馴染みって聞いたけど」

「まあ、よく連れ立って釣りに行っていたな」懐かしそうに目を細める。

　傍で聞いていた祖母が、

「……ああ、思い出した。あと、季節も何も関係なく肝試しに行くんだよ。水辺は禁じていたけど、近くの霊園なんてしょっちゅう行っていて、縁起でもないんだけど、あんまり楽しそうだから、その内当たり前になっちゃったわねえ」

　それはもう、天性の怪奇好きだったんだなと、改めて思った。……多分だが、猩々さんというのも、同じような感じなのかもしれない。それも、謂わば「怪異の管理者」としか思えない成り行きなので、少し不安を覚えた。

翌日、手土産を持って猩々さんの家へと向かった。

祖父の軽トラを借りて田園風景の中をひた走り、やがてカーナビが目的地だと告げた。

隣家からは遠く離れ、ぽつんと田圃ばかりの中に塀を巡らした大きな屋敷だ。舟形屋敷と言うものに近い造りだな、と思った。

が、元々は今はコンビニになっている雑貨屋に生まれ育ったそうで、割と最近に零落した商家の持ち家を買い取ったものだという。

来訪することは書状で伝えて、電話でも挨拶しておいた。

「そうか。『ダルマ』を受け継いだのか。それはいい」と、何度も繰り返していたのが何故か気になった。

玄関でインターホンを押そうとしていると、いきなり引き戸が開いた。

「あら？　いらっしゃいませ」

「あ、どうも」

高校生くらいの女の子で、きょとんとしていたが、

「ああ、今日来られると聞いていたお客様ですね。父を呼んできます。どうぞ中へ」

「……失礼します」

玄関口で待っていると、和装で背の高い、銀髪の男性が廊下を歩いてきた。

「いらっしゃい。猩々貞則です」と、張りのある声で言う。

「初めまして、安田公夫です。その節はお世話になりました」

「リクに御飯をやってくるね」

脇を擦り抜けて、先ほどの女の子が外へ出て行った。

「あれは娘の美菜です。裏庭に柴犬を飼ってましてな。まあ、奥へ」

促されて付いていくと、座敷があり、そこで色々思い出話を聞かされた。

昨夜の話を思い出して、

「よく、一緒に釣りに行かれていたと聞いています」と、言うと、

「ああ、そのおかげでアレを見つけたんですよ」と笑いながら答えた。

「アレ？」

「では、お見せしましょうか。付いてきて下さい」と、立ち上がった。

廊下を奥まで行くと、折れ曲がったところから壁が厚い漆喰《しっくい》になっており、漆塗《うるし》りの扉があった。鉄帯で厳重に補強されており、蔵戸と呼ばれるものだろうと思った。

つまり、家の中に蔵があるのだ。

鍵を開けて、大扉を動かす。

「この家を買ったのは、この蔵が欲しくてですね」

「はあ」

「子供の頃に見せてもらったことがあったんですが、そのときのワクワク感がねえ。意外と忘れられないものですな」

中には荷物類はなく、ガランとしていたが壁には書棚が設えられ、無数の……怪談本、心霊関係の本、その関係の雑誌、希覯《きこう》本の類がぎっしりと納められていた。

「これは凄い……」

マニアの端くれである安田さんが舌を巻いていると、

「『ダルマ』で見られるものと言うのは、あれですよ」と、指を差された。

見遣ると、部屋の片隅に銀色の金属製のバケツが一個、ぽつんと置かれていた。

「……あれですか？」

「中を覗いて御覧なさい」

猩々氏は、バケツの真上に垂れ下がっている裸電球を点けた。

覗くと、水が張られた中に、ある種のフグのような外皮を持った……ナマズに似た形状の……魚みたいなものが見えた。

だが、その頭部付近には、瞼を閉じた人間の目と思しきものが縦に一つある。

そして、開いた大きな蝦蟇《がま》のような口から、爪の伸びた人間の指が、二本突きだしていた。

「……何なんですか、これは？」

思わず仰け反りながら、そう呻《うめ》くと、

「分からない。……分かりようもない物だとしか、三十年以上観察しても分かりませんでした」

だが、猩々氏は目に喜色を浮かべて、

「釣りに行ったときに、葦《あし》の群生の間に挟まっているのを、あなたのお父さんとバケツで掬《すく》い上げたんですが、見れば見るほど尋常じゃない。こっそり誰も来ない農業倉庫なんかで飼っていた……というか、餌も何も要らないんですけどね。それが始まりでした」

「餌も要らない？」

「何も食べません。……まあ、多分生き物ではないので。ただ、金属バケツに入れておくと金気でも吸うのか、異様に腐食してその内、穴が空いてしまいます。今は亜鉛鉄板のバケツですが、これが一番良いようです。……初代はブリキのバケツだったんですが、この取っ手が付いている耳の部分……これを『ダルマ』と言うんですよ。うちは雑貨屋だったので、たまたまそういう部品名を知っていたんです」

「ああ、そうか」

　ポケットから取り出して、改めて見てみた。

　バケツの合わせ目を挟み込む金具のところだ。

「今持ってらっしゃるのは、その初代のブリキのバケツのものです。……ちょっと、それに翳《かざ》して御覧なさい」

　不審に思いながら言われた通りにしてみると、バケツの中のものの眼がパックリと開いた。〈ダルマ〉を眼球が追い、そして、ビチャビチャと水を弾いて身じろぎする。

　外に飛び出してくるんじゃないかと思って、安田さんは後退りした。

「以前、これが中にいたことのあるバケツの部品には、何故かこういう反応をするんですよ」

「外には出てこないんですか？」

「水の中でしか動けないようなんですが……見逃している可能性は依然としてあります。外皮の模様をよく見て下さい。よく見ると細かく動いていますよね？　生きた魚で模様を変えるのがいますが、これはまたそれとは違って映像のような仕組みじゃないかと思えるんですよ」

「映像？」

「内側から投影されているような……。そもそもこれ自体、ここにあるようでいて、ないのです」

「ない？」

「手で触ろうとしても映像のように擦り抜けて触れません。……ただ、金属バケツでは掬えるのです」

　とんでもない物を見て、流石に世界観がおかしくなり、元の座敷に戻って青い顔をしていると、猩々氏が、

「まあ、襲ってきたり、祟ったりと言うことは全然なかったので大丈夫ですよ。自分で言うのも何ですが結構金運は上昇したので、今では家の守り神だと思っています」

「あれは良いものなんですか」

　猩々氏はそれには答えず、ニヤリとして、

「夜になると青緑に綺麗に発光するんですよ。それも見ていきませんか？」

「え？」

「幽霊が真っ暗闇でも見える理屈に通じると思うんですよ」

　……もう、ここまで来たら引き返せない気もした。

　怪異な物が実在するという重い事実に打たれて酔っているような気もしたが、猩々氏が

「部屋が余っているので泊まっていきなさい」と言うので、それに応じてしまった。

猩々氏の奥さんが外出先から帰ってきて、娘の美菜さんも一緒に夕食となった。

気さくな人達で楽しい一時となったが、

「妻と娘にもアレのことは内緒なんです。そのつもりで。……零時頃、また蔵へ行きましょう」と、耳打ちされた。

家族にも打ち明けていないのか……。〈ダルマ〉を持った人間が現れたことに、猩々氏が喜んだ訳が、何となく分かった。

約束通り、定刻に蔵へ入り、発光するそれを見た。

青白く闇の中で明滅するそれは、やはりこの世のものではないと思えるほどの凄絶な美しさだった。

蔵を出て、廊下で猩々氏と別れる。

用意された部屋へ向かっていると、二階へ上る階段の踊り場に美菜さんが立っていた。

「ちょっと、こっちの部屋で、お見せしたいものがあるんですけど」と、言う。

「ええ?」

意図が全く分からなかったが、何にせよ訪問先で女子高生の部屋に入るのは、流石に不味いだろう。

「いや、時間が時間だし」

「私室じゃないですよ。そっちはＮＧ。パソコンしか置いていない部屋です」

よく分からないまま付いていくと、物置のような部屋があって、奥に大型のディスプレイが三機稼働していた。

映っているのは……つい先ほどまでいた蔵の中で、驚いたことに、あのバケツが様々な角度で細かく小窓に表示されている。

「あれのことは君は知らないって言う話だったが……」

「もう、とっくの昔にバレバレですよ。寧ろ、こうやって観察していることはパパには内緒です」

「カメラは分からなかったぞ」

「最近のピンホールカメラは、なかなか見抜けません」

「君もあれに興味があるのか」

「俄然、ですね。あんな凄いもの他にないですよ。……安田さん、あれに『ダルマ』を見せていたじゃないですか。するとですね、これはパパも気付いていないと思うんですけど、あれって変化するんですよ」

「変化？」

「これを見て下さい」

美菜さんがマウスを操作すると、別角度の映像が映って、バケツの裏側から蛇の胴体のように何かが長く伸び出しているのが見えた。その先は、壁の中へ潜り込むようにして消えている。

「何だこりゃ」

次いで上面からの映像。……バケツの中身が空だった。

「お出かけするんですよ、あれ。さて、何処へ行ったのかな？」

次々と家の中を映した画面が切り替わる。

「やっぱり、リクの所かな？」

裏庭の映像に変わり、犬小屋が映った。白黒の赤外線画像で、中にいる犬の一部が見える。

そこへ、通常の何倍も長い前腕と続く二の腕が目にも留まらぬ速さで突っ込まれた。

……ぐったりとした犬を引き摺り出し……指のある手先が見えて、鎖に繋がれた首輪を器用に外している。そして、ずるずると犬の身体を画面の外へ引き摺っていった。

「あーあ、また新しい犬を買わないと」

安田さんは何だか酷く気分が悪くなってきた。

「前の犬は逃げたっていうことになってるんですけど、困ったなあ」

「……肉食なのか、アレは？」

「さあ？　生物的な捕食行動とは限りませんよね」

「……いずれにしろ危険な面がある訳だろ？　怖くないのか？」

美菜さんは、まっすぐ安田さんを見た。

「私は、父の『ダルマ』を受け継いで、あれを持っていたい。あなたにもその権利はあるのですが、それを許してもらいたいと思っています」

「……」

「どうでしょうか？」

……返答は未だに保留中なのだそうだ。

研ぐということ

現在、八十三歳の黒沢さんの家は長閑《のどか》な田舎町にある。

高齢、過疎化が進み、近所の住民同士が顔を合わせることも少なくなっているという。

「大体、みぃーんな施設か病院に入っているし、畑をやってるとこも数えるくらいしかないわな」

黒沢家も農業を生業としていた。

殆どを手作業で行っていたため、収穫量はそれほどでもなかった。

自分の家が生活できるレベルを維持し、細々とした生活を送っていたそうだ。

「ほれ、これなんかもそうだ」

老人が手にした鎌は使い込まれた金属独特の鈍い輝きを放っている。

「この辺の家の物は大体俺が研いできたんだ。よく切れるって評判だったんだわ」

ちょっと見てろ、と鎌を砥石で器用に磨いていく。

「うん、これくらいになったらこんな感じだな」

近くの雑草に鎌を一振りすると、雑草の断面から水分を感じられるくらい鮮やかに分断された。

「では、その砥石が先祖代々受け継がれてきた物、ということで……」

砥石は擦り減り、角の部分はボロボロに崩れている所もある。

「ん？　あー、違う、違う。それじゃなくてこっち」

老人が手にした物は、砥石を載せていた土台の石である。

暗い灰色の石は、硯《すずり》のように周囲の四方が少し高くなっている。

縦二十一センチ、横十二センチほどで自然石を削った物らしく、無骨な形状をしている。

「ほら、この受けのところがまっすぐじゃないだろ。だからこれに合うように砥石の大きさを調整するのさ。それで砥石の角がこんなボロボロになるんだな」

黒沢家にいつからこの砥石の台があるのかは定かではない。

彼の祖父の時代にはあったらしいという話は聞いたことはあるが、曖昧な伝聞として老人は受け止めていたようだ。

「で、この石の何が問題なんでしょうか？」

「正直、よう分からん。これを使って研がないと最高の切れ味にはならないし、その最高の切れ味が良くも悪くも使われるってことだろう。でな、この石が何でできてると思う？」

てっきり山か河原で少し大きめの石を拾って削った物だと思っていた。

「ほんとかどうかは知らん。ただ昔から、斬る物……刃物と不幸の物は相性が良いと言われていたらしくてな」

老人の話では墓石だったという。

「昔の墓石だから自然石を使ったものだろう。よく読めないが、うっすらと刻んだ文字が一部残ってたから、まあ間違いない」

それにしても刃物を研ぐ物で使用するのではなく、土台として使用することで何らかの意味合いがあるのかが疑問となる。

「何でも根本が大事なんだろう。土台がしっかりすることで、自分達には分からない効果が生まれている、そう思うしかないもんだ」

実際に老人が砥石だけで刃物を研いでも、切れ味はありきたりのものになるらしい。

では、この石の因縁めいたものが何なのかが気になってくる。

「さっきも言ったが、俺の研いだ刃物は近所で評判だったんだわ。みんな〈助かる、助かる〉言うてお願いに来ていた」

彼が三十代半ばの頃、すぐ近所の家で刃傷沙汰《にんじょうざた》があったという。

その家の奥さんが、近くの主人と不倫関係にあったらしい。

偶然その現場を目撃した旦那が取り乱し、黒沢さんが研いだ包丁で奥さんを滅多刺しにした。

「ほら、何の娯楽もない田舎だろ。やることがないから、自然とそういうことに目がいくんだろうな」

確かに悲惨な事件ではあるが、一つの事柄を結び付けて土台の石を因縁物とするのは無理があるように思えた。

「あー、誰も一回とは言ってないよな。約十年周期で起きてると言ったらどう思う？」

彼が四十代のときには、農作業をしていた二人が突然口論となり、手にしていた鎌でお互いを切りつけ合った。

幸い命に別状はなかったが、それぞれ腕と足に後遺症が出る程の重傷を負った。

「五十、六十のときは、また不倫だな。最初のほうが浮気を疑った奥さんが相手の家に乗り込んで、やってる最中の二人を包丁で切りつける。次のは近所の噂話で、奥さんが車の中で若い男と楽しそうにしてるのを畑仕事をしていた人が見たと広まったらしい。余計な話だが、それを旦那の耳に入れたんだな。怒った旦那が寝ている奥さんの頭を鎌でかち割った。七十のときは畑の物を取った取られたといういざこざから、鎌で殴り合う始末だ。ぜーんぶ、俺が研いでやっていた家の話だ」

淡々と話す彼の表情は、冗談や嘘を言っているようにはとても見えない。

「ん？　そんなに問題があるなら使わなきゃいいって思ってるのか？　それは無理だ。これを使わないと、最高の仕上がりにはならない。一度最高を知った者は元には戻れなくなるってもんだ」

石に魅了されるとはこういう感じなのか。

そしてそれは代々受け継がれてきたという。

彼が知り得る最古の所有者は祖父である。

その当時にも何やら事件はあったようだが、細かいことまでは父親からは聞かされていなかったので詳細は不明である。

父親の代になり、彼が十二歳のとき、友人と近くの林の中で遊んでいた。

最初は周囲を駆け回り、かくれんぼのようなことをしていたが途中で飽き始める。

彼は鉛筆を削る小刀を携帯していたので、竹や落ちている小枝を削り、竹とんぼを作り始める。

友人も作りたいと言い始めたので、小刀を貸してあげた。

熱心に竹とんぼを作っていた友人は、急に手を止め俯いた。

「まっちゃん、どうした？」

幾ら声を掛けても反応を示さない。

「ねぇ、まっちゃん。まっちゃんてば」

友人の身体を揺さぶっていると、突然、その子は奇声を上げ始めた。

その目は白目を剥き、口からは小さな泡が垂れている。

黒沢さんは恐怖を感じ、その場から逃げ出した。

その夜、友人は家に帰ってこなかった。

大人達が総出で林の中を探していると、小刀で自らの首を掻き切った友人の亡骸が発見される。

「昔の話だからなぁ。まっちゃんは狐に憑かれたんだってことになったよ。分かってると思うが、その小刀を研いでいたのは俺の親父だ」

彼の父親が研いだ刃物でも、四人が命を落としている。

まっちゃんの他には、二人の農家の兄弟が農作業中に突然喧嘩になったらしい。

周囲に響き渡る怒声が聞こえていたので、近くの畑の農家の人が様子を見に行くと、頭から血を流した兄弟が倒れていた。

近くには鍬《くわ》や鎌が落ちていたという。

「で、最後の一人は俺の親父だ」

その日は朝から別段、変わった様子はなかった。

黒沢さんと一緒に午前中は畑仕事に精を出す。

「ちょっと鎌を研いでくるわ」

そう言い残し、父親は納屋へ入っていった。

それから三十分以上経つが、一向に出てくる気配がない。

お腹が空いてきた黒沢さんは昼食にしようと、父親を迎えに納屋の中へ入った。

彼は眼前に広がる光景が理解できずに、言葉もなく立ち尽くす。

三分、いや五分はそうしていたような気がする。

「あ……親父！」

彼の父親は梁《はり》から垂れる紐で首を吊っていた。

首、胴体には数箇所の切り傷があり、農作業着は血で赤黒く染まっていた。

「死因は窒息じゃないんだ。失血死というから意味が分からないんだよ」

黒沢さんはすぐ近くで農作業をしていたため、第三者が納屋へ入ったりしていないことは間違いがない。

更に父親の足元には、首を吊るための足場にしたような物は何一つなかった。

「そんな状況だから、親父も狐に取り憑かれたことになったのよ。まあ、当時は野菜を食べにくる狐に石をぶつけて殺したり、鎌で殺す人が大勢いたからな。訳の分からんことは狐で片付けるもんだった」

父親の亡き後、黒沢さんは見様見真似で刃物を研ぐようになった。

元々のセンスがあったのか、近隣の住民に頼られる存在になっていく。

「でな、今となっては跡取りもいないし、人がいなくなってきたから、誰かのために何かを研ぐこともなくなってしまったのさ」

彼は何度もこの呪われた石を叩き壊すことを考えていた。

「でもな、いざそうしようとすると、家の包丁を研いでからにしようとか、鎌を研いでからだなって決断が鈍るのよ」

刃物を砥石に滑らせる音を聞いていると、過去の忌まわしい出来事のことをすっかり忘れてしまうという。

「だからな、この話をしたのも、誰かがこの場にいてくれたのなら、壊せそうな気がしてな……」

黒沢さんは土台の石を片手にすくっと立ち上がる。

高く右手を上げ、作業小屋の先にある大きめの石に向かって投げつけようとした。

「あ……待てよ。後二本、鎌を研がないと……」

彼は踵《きびす》を返し、作業小屋へと戻っていった。

「黒沢さん、黒沢さん？」

何度呼び掛けようと、一心不乱に鎌を研ぎ続けている。

ただ、その目は焦点が合っておらず、その状態でどうして綺麗なリズムで研ぎ続けられるのか不思議だった。

「すみません、黒沢さん。大丈夫ですか？　黒沢さん？」

彼の肩に手を掛けると、突然声を荒らげる。

「邪魔すん、くわぃがって、おま、がってこら、ってやろが‼」

呂律《ろれつ》の回っていない叫びとともに、大きく鎌を振り上げた。

身の危険を感じ、一度作業小屋から離れ様子を窺う。

三十分ほど、遠巻きに見ていたが、どうにも会話が成立しそうな雰囲気ではなかった。

やむを得ず、その日はそこで取材を打ち切った。


それから一週間後、再度、黒沢さんの元を訪ねてみる。

家の引き戸は施錠されており、作業小屋のほうも声を掛けてみるが何の応答もなかった。

「あんた、黒沢さんの親戚かい？」

背後から年配の男性に声を掛けられる。

「何だ、違うのかい。今、あの人はいないよ。この間、そこで倒れててね」

男性の話によると、命に別状はないが入院しているという。

「もう結構な歳だからねぇ、ボケちまったようで話にもならんのよ」

身寄りのない彼を気遣い、近所の数人が病院へは行ってみたようだ。

「親戚とかなら手続きとかもできると思ったんだが……。やっぱ、役場に動いてもらうしかないなぁ」


このお話はここで取材が止まっている。

急激に認知症が進んだ可能性も否定できないが、最後に会ったときの元気な姿からは正直想像しにくい。

可能性として、〈例の石〉を……。

いや、未確認事項なので、ここで締めさせて頂く。

著者あとがき

神沼三平太

道具といえば、最近普段持ち歩く道具が増えた。紙のメモ帳と多機能ペンだ。しばらく取材もスマホメインだったが、やはりのアナログ回帰。呪物の増える旅路。

つくね乱蔵

我が家のパソコンは、数多くの怪談を保存している。呪物的な道具になる可能性大だ。というか、殆どの実話怪談作家のパソコンは呪物になりますね。

内藤　駆

「人と同じくらい物を大切にしない人間は碌な人生を送れない」原稿を書いている間、よく聞かされた母親の口癖を思い出しました。

服部義史

道具に纏わる怪談には、私の大好きな人の想いというものが溢れていると再認識しました。それぞれのお話の想い、貴方はどのように受け止めましたか？

久田樹生

道具という言葉を念頭に置いて纏めています。そして脱稿寸前、商売道具の一部、目と指にアクシデントが。後書きのネタができたぞとほくそ笑みました。

橘　百花

「道具」と聞いて最初に頭に浮かんだのは、メイク道具でした。何をするにも道具くらいは良いものを……と考えています。見るだけならキャンプ道具が好きです。

雨宮淳司

何年も使い込んだアイテムというのには憧れるんだけど、普通に暮らしていると、なかなか発生しないですね。ジッポのライターを育てていたけど、どこかでなくしちゃったし。

松本エムザ

米在住時、巨大アンティークモールで、一角のブースに引き寄せられるように向かった私に「あそこなんかヤバい。行っちゃダメ」と止めてくれたWさん。連絡取りたし。

渡部正和
高田公太
しのはら史絵
ねこや堂
松岡真事
雨森れに
ホームタウン
鬼志仁
三雲央
加藤一

怪談を長年蒐集しておりますと、モノに纏わる怪異の多さに驚きます。例え長年使われなくても、そのときそのときの人々の強い感情が反映されてしまうものなのかもしれませんね。

怪談にはモノがよく出てくるので、今回のテーマはいつもより困りませんでした。どんなモノにも何かが籠もります。思い出の品なんかは誰でも持ってますよね。

祖父の実家にも因縁めいた道具があります。それは白蛇を殺したシャベル。お寺さんに供養に出しましたが断られたようです。

道具も長じれば付喪になると言いますが、私の使っているものがそうなる気は全くしませんね。パソコンとステープラー。いや、その前に私の寿命が確実に先に来る訳だけども。

夢か現かの僥倖に震える今日この頃。尊敬する先輩方に囲まれ、新参ながら短編二話を収録して頂けました。長崎で板前をしながら怪談を書いております。皆様、宜しく昵懇に。

骨董屋を営んでいた曽祖父は「品に対して所有しているという気持ちを持ってはならない」と仲介人の立場を守っていました。所有とは引き金なのです。魅入られたら終わり。

マンスリーコンテストに挑戦し始めて一年、初めての文庫化です。杜下怪談会、谷中怪談会、極道怪談、シークレットベースメント、恐点など、都内で怪談イベントやっております。

私の部屋にも〝孫の手〟があります。背中が痒い時によく使うのですが、先日、あまりにも痒いので、服の上からではなく、直接、皮膚を掻いたら〝手〟の部分に赤い物が……。

普段眼鏡をかけているのですが、近頃この眼鏡の存在が鬱陶しく感じてしまい、何とか裸眼で生活できるようここ最近は眼球運動に勤しむ毎日です。

入稿直前にＰＣが壊れるとか、入稿直前にＨＤＤだけ壊れるとか、入稿直前に落雷でＦＡＸが壊れるとか、怪談本入稿直前には本当にトラブルが多いので、いつも警戒しています。

★読者アンケートのお願い

応募フォームはこちら

本書のご感想をお寄せください。アンケートをお寄せいただきました方から抽選で10名様に図書カードを差し上げます。

（締切：2023年12月31日まで）

お道具怪談

2023年12月6日　初版第一刷発行

編著……加藤 一

共著……神沼三平太／つくね乱蔵／内藤駆／服部義史／久田樹生／橘 百花／雨宮淳司／松本エムザ／渡部正和／高田公太／しのはら史絵／ねこや堂／松岡真事／雨森れに／ホームタウン／鬼志 仁／三雲 央

カバーデザイン……橋元浩明（sowhat.Inc）

発行人……後藤明信

発行所……株式会社　竹書房

〒102-0075　東京都千代田区三番町8-1　三番町東急ビル6F

email: info@takeshobo.co.jp

http://www.takeshobo.co.jp

印刷・製本……中央精版印刷株式会社